ERFOLG HABEN UND ERFOLGREICH SEIN

Wie Du mit Erfolg Deine Ziele erreichen, glücklich sein und glücklich leben kannst

Florian Höper

Covergestaltung Florian Höper

Lektorat Selma Zejnilović

Layout Velu V

Kontakt E-Mail: florianhoeper@gmail.com

Internet: http://www.florianhoeper.com

Ergänzend zu diesem Buch empfehle ich Dir folgenden Online Kurs anzusehen:

SCAN ME

http://bit.ly/erfolgreich-und-gluecklich

INHALT

EINLEITUNG

In diesem Buch lernst Du die Grundsätze für ein erfolgreiches Leben. Wenn Du nach diesen Grundsätzen lebst, kannst Du unabhängig durchs Leben gehen und Deine eigenen Entscheidungen treffen – denn das ist wahrer Erfolg. Du machst Dein eigenes Ding und die Dinge, die Du Dir wünschst, entstehen wie von selbst.

Du bist in Kontrolle Deines Schicksals.

In den folgenden 26 Kapiteln für ein erfolgreiches Leben zitiere ich einige der klügsten und erfolgreichsten Menschen der Welt und ergänze deren Weisheit mit meiner Erfahrung und meiner Perspektive.

Natürlich hätte ich auch alles aus meiner Perspektive ausdrücken und erzählen können, aber die Worte von Legenden wie Nelson Mandela, Paulo Coelho, Bruce Lee, Thomas Alva Edison, Warren Buffett, Tony Robbins und vielen weiteren treffen es häufig perfekt auf den Punkt, besser als ich es jemals ausdrücken könnte.

Außerdem hat deren Expertise und Erfahrung wahrscheinlich auch viel mehr Einfluss auf Dich, als meine bescheidene Meinung.

Viele der Zitate sind auf Englisch. Die deutschen Übersetzungen sind meistens nicht wortwörtlich, sondern sinngemäß. Es geht schließlich um den Inhalt, nicht um die Form.

Viel Spaß beim Lesen!

ENTSCHLIESSE DICH, GLÜCKLICH ZU SEIN!

Wie viele Menschen kennst Du, die regelmäßig unglücklich sind? Menschen, die jammern, sich beschweren und regelmäßig Drama in ihrem Leben haben?

Anstrengend, oder?

Erstens will kein geistig gesunder Mensch von anderen umgeben sein, die nur Negativität und Drama verbreiten und zweitens geht es diesen Menschen selber natürlich am schlechtesten. Sie sind schließlich die ganze Zeit von dieser Negativität umgeben, die sie selber ausstrahlen.

Entschließe Dich noch heute dazu, ein positiver und glücklicher Mensch zu sein. Klar gibt es Tage, an denen Du unausgeschlafen bist, Bauchschmerzen hast, das Wetter scheiße ist oder jemand anders Dich mit seiner Negativität überschüttet hat. Aber ist das ein Grund zu jammern?

Das ist einfach das Leben. Du kannst Dich in dem Moment entscheiden, ob Du die Negativität manifestieren und weitertragen willst, oder ob Du einfach trotzdem glücklich sein willst? Ist es nicht schon schlimm genug, dass es etwas gibt, was Dich bedrückt? Willst Du dazu dann auch noch schlechte Laune und Drama? Davon hast Du überhaupt nichts.

„Happiness is always a choice“

—Johnny Soporno

(D: „Glücklichsein ist immer eine Entscheidung“)

Du kannst Dich in jedem Moment dazu entschließen, glücklich zu sein. Es gibt niemals einen Grund, äußere Umstände, oder andere Menschen Dein Wohlbefinden beeinflussen zu lassen. Natürlich gibt es Höhen und Tiefen im Leben. Aber das ist Teil des Lebens. Wie Du darauf reagierst ist 100% Deine Entscheidung!

Alle Deine Emotionen entstehen in Deinem Kopf, sorge aktiv dafür, dass es gute Emotionen sind.

„Success is not the key to happiness, happiness is the key to success“

—Albert Schweitzer

(D: „Erfolg ist nicht der Schlüssel zum Glücklichsein, Glücklichsein ist der Schlüssel zum Erfolg“)

Die meisten Menschen rennen ihr komplettes Leben lang irgendwelchen Dingen hinterher, von denen sie denken, sie wären glücklich, sobald sie diese erreicht hätten. Dieser Zustand trifft natürlich nie ein, sondern sie rennen immer weiter, bis ihre Überreste irgendwann in einer Urne liegen.

Sei glücklich. Dann kann auch der Erfolg kommen.

Äußere Umstände sind niemals eine Voraussetzung für Dein Glück. Du kannst das Glück nur finden, indem Du akzeptierst, dass Glück in Deinem Kopf entsteht. Es gibt viele Studien dazu, dass überraschend viele Menschen, die in Krisen- und Kriegsgebieten leben glücklich sind.

Selbstverständlich ist das absolut keine wünschenswerte Situation. Aber diese Menschen haben realisiert, dass sie aktuell in dieser schwierigen Situation sind, die sie von jetzt auf gleich nicht ändern können. Da die Situation schlimm genug ist, gibt es keinerlei Grund, zusätzlich auch noch unglücklich zu sein.

Das Leben ist voller Höhen und Tiefen. Reite die Wellen des Lebens, anstatt darin zu ertrinken.

„Close some doors today. Not because of pride, incapacity or arrogance but simply because they lead you nowhere.“

—Paulo Coelho

(D: „Schließe ein paar Türen hinter Dir, nicht aus Stolz, Unvermögen oder Arroganz, sondern weil sie ins Nichts führen“)

Die meisten Menschen haben große Schwierigkeiten, mit Altem abzuschließen und tragen somit diesen ganzen Ballast mit sich herum.

Seien das alte Freunde, mit denen man sich auseinandergelebt hat. Ein Job, der einen nicht mehr glücklich macht. Die Jeans, die man seit Monaten oder gar Jahren nicht mehr getragen hat, oder das Abonnement einer Zeitschrift, die man gar nicht mehr liest.

Wir alle haben solche Menschen, Ereignisse oder Dinge im Leben, die zu nichts Positivem führen. Alles Ballast, den wir mit uns herumtragen, und der uns zurückhält.

Man kann im Leben nicht alles machen und jeden Weg verfolgen. Um glücklich zu sein, muss man den richtigen Weg einschlagen und die Türen öffnen, die einem diesen Weg ebnen. Das heißt natürlich im Umkehrschluss ebenfalls, dass man die Türen schließen muss, die in eine andere Richtung führen.

Entschließe Dich, glücklich zu sein und lass nicht die äußeren Umstände Deine innere Gelassenheit und Freude zerstören.

ENTSCHLIESSE DICH, GESUND ZU SEIN!

Deine Gesundheit ist das Wichtigste und wertvollste, was Du hast. Ohne gesund zu sein kannst Du Dein Leben nur mit Einschränkungen genießen und Deine Träume und Ziele nur eingeschränkt verfolgen.

Sorge dafür, dass Du Dich gesund ernährst! Wenig Zucker, wenig ungesunde Fette, keine Milchprodukte, wenig Alkohol und keine künstlichen Zusatzstoffe. Dafür ganz viel frisches Gemüse und Obst, viel Wasser, Nüsse und Hülsenfrüchte.

„Unsere Nahrung sollte unser Heilmittel sein. Unser Heilmittel sollte unsere Nahrung sein.“

—Hippokrates

Vermeide Medikamente, besonders „Alltagsdrogen“ wie Schmerzmittel, Schlafmittel und andere ungesunde Mittel mit hohem Suchtpotenzial.

Wenn Du Schmerzen hast, krank bist oder Probleme hast einzuschlafen, dann will Dein Körper Dir damit etwas sagen.

Höre auf Deinen Körper und gib ihm, was er braucht. Mehr Ruhe, Urlaub oder einen gesünderen und ausgewogeneren Lebensstil.

Ernähre Dich gesünder, mach mehr Sport, geh mehr an die frische Luft und meditiere. Wenn Du Deine Gesundheit opferst, opferst Du damit auch einen Großteil Deines Wohlbefindens.

„Fear does not prevent death. It prevents life.“

—Naguib Mahfouz

(D: „Durch Angst vermeidest Du nicht den Tod, Du vermeidest das Leben“)

Angst ist ein total unterschätzter Gesundheits-, Glücks- und Wohlbefindenstöter. Die meisten körperlichen Symptome wie Krankheiten, Schmerzen und Unwohlsein werden psychisch ausgelöst. Besonders die Angst hält einen Großteil der Menschen davon ab, glücklich zu sein und ein erfülltes Leben zu führen.

Wenn Du Angst hast, bedenke immer, dass diese Angst Dich nicht weiterbringt. Angst lässt uns nur in eine Starre verfallen, die uns niemals voranbringen kann. Und sorge dafür, dass Du alle Angstauslöser aus Deinem Leben verbannst.

Hast Du Weltschmerz, weil Du regelmäßig in der Zeitung oder bei Sozialen Medien über Kriege, Flüchtlinge und Ungerechtigkeit in dieser Welt liest?

Dann hör auf Zeitung zu lesen, und unfollow die entsprechenden Seiten und Freunde, die solche Nachrichten auf Deiner Timeline bei Facebook erscheinen lassen.

Jetzt sagst Du vielleicht: „Aber dann ändert sich doch nichts? Kann sein, aber noch viel weniger ändert sich etwas, wenn Du Dich in eine Schockstarre versetzen lässt. Damit ist weder Dir noch anderen geholfen und vom Zeitung lesen ist nur dem Verleger geholfen, der an den Horronachrichten verdient.

Wenn Du willst, dass die Welt sich verändert, dann entscheide Dich, etwas Sinnvolles in die Welt zu bringen, was tatsächlich Veränderung hervorbringt.

Als Leser und Zuschauer von Nachrichten bist Du nur der Schaulustige im Weltgeschehen. Wie bei einem Unfall auf der Straße, bei dem Schaulustige die Rettungskräfte daran hindern, den Betroffenen zu helfen, anstatt zu helfen.

Entscheide Dich also entweder dafür, Rettungskraft zu sein und aktiv zu helfen, oder gehe direkt weiter. Aber wenn Du Schaulustiger bist, trägst Du nur zum Problem bei. Auf der Straße, weil Du im Weg stehst, im Weltgeschehen, weil Du Angst und Negativität verbreitest, anstatt die Welt voranzubringen.

„Remove anger, regret, resentment, guilt, blame and worry. Then, watch your health, and life, improve."

—Charles F. Glassman

(D: „Lasse Deine Wut, Deine Reue, Deine Verbittertheit, Deine Schuld, Deine Vorwürfe und Deine Sorgen los. Dann beobachte, wie sich Deine Gesundheit und Dein Leben bessern")

Sorgen, Wut, Reue, Verbittertheit, Schuld und Vorwürfe, die Du fühlst, sei es aufgrund von Ereignissen, anderen Menschen, oder schlichtweg, weil Du sie Dir einredest, haben überhaupt keinen Nutzen.

Oder kannst Du Dich an einen Moment erinnern, wo Dir diese Emotionen schon mal weitergeholfen haben?

Genauso wenig, wie sie Dir helfen, können sie auch der Person, gegenüber der Du sie fühlst, nicht helfen. Wenn Du Dir Sorgen machst, wütend bist, bereust, Vorwürfe Dir oder jemand anders gegenüber hast, oder Dich schuldig fühlst, rede mit der Person, gegenüber der Du diese Gefühle hast.

Wenn Du diese Gefühle Dir selbst gegenüber hast, liegt das wahrscheinlich daran, dass Du entweder Dinge in Deinem Leben tust, die gegen Deine Wertvorstellungen sind, in dem Fall solltest du dir selbst einen Gefallen tun und einfach sofort auf damit aufhören. Oder Du hast schlichtweg zu hohe Erwartungen an Dich, in dem Fall setzte Dich hin und überlege, welche Erwartungen stattdessen sinnvoll und realistisch sind.

Niemandem ist mit Negativität geholfen, am wenigsten Dir selbst. Negativität macht Dich mit der Zeit krank, sowohl körperlich, als auch geistig. Sorge also für Deine Gesundheit und verbanne Negativität aus Deinem Leben.

Wenn die Negativität daher rührt, dass Dir andere Menschen in der Vergangenheit etwas angetan haben, für das Du nichts kannst, dann vergebe diesen Menschen.

Denke dabei daran, dass Du mit der Vergebung nicht die Sache gutheißt, die Dir angetan wurde, auch machst Du das nicht für die Menschen, die Dich schlecht behandelt haben. Du machst es für Dich, Deine Gesundheit und Dein Wohlbefinden. Du hast es verdient glücklich zu sein! Schlimm genug, dass Dir schlechtes angetan wurde, indem Du Dich aber weiterhin damit belasten lässt, machst Du es nur schlimmer!

„There is no need for you to change the whole world; just change yourself and you have started changing the whole world, because you are part of the world. If even a single human being changes, that change will radiate to thousands and thousands of others. You will become the triggering point of a revolution which can give birth to a totally new kind of human being.“

—Osho

(D: Du musst nicht die ganze Welt verändern; verändere nur Dich selbst und Du hast damit schon damit begonnen, die ganze Welt zu verändern, denn Du bist Teil der Welt. Wenn sich nur ein Mensch verändert, wird sich diese Veränderung auf Tausende und Abertausende andere Menschen ausstrahlen. Du wirst der Auslöser einer Revolution, die die Geburtsstunde einer ganz neuen Menschheit sein kann“)

Oder mit Gandhis Worten:

„Be the change you want to see in this world“

(D: „Sei der Wandel, den Du Dir für die Welt wünschst“)

1. Du willst, dass die Welt friedlicher wird? Sei friedlich.
2. Du wünschst Dir mehr Liebe in der Welt? Teile ganz viel Liebe mit so vielen Menschen wie möglich!
3. Du wünschst Dir glücklichere Menschen? Sei glücklich.

4. Du wünschst Dir gesundere Menschen? Sorge dafür, dass Du gesund bist.

5. Du wünschst Dir eine gerechtere Welt? Kaufe Produkte, bei deren Herstellung niemand ausgebeutet wurde.

6. Du wünschst Dir einen Ausstieg aus der Atomenergie? Dann beziehe Solarenergie.

Wenn Du als positives Beispiel vorangehst und genau das machst, was Du Dir wünschst, werden andere Dir folgen. Versuche niemanden zu überzeugen. Du wirst sie automatisch zum Nachdenken anregen.

Wenn Du hingegen das Gegenteil von dem machst, was Du Dir eigentlich für Dich und die Welt wünschst, bist Du das Problem. Du sorgst dafür, dass die Welt immer kranker wird, und wirst aufgrund dieses Widerspruchs in Deinem Leben automatisch selber krank.

Sei der Wandel. Damit wirst Du Dich heilen und die Welt gleich ein Stück weit mit heilen. Je mehr Menschen Du durch Dein positives Beispiel inspirierst, desto mehr wird die Welt zu genau dem Ort, den Du Dir wünschst.

NUTZE DEN TAG - CARPE DIEM!

Um hier gleich an das vorige Kapitel anzuschließen, merke ich direkt an, dass die meisten Menschen bewusst oder unbewusst genau wissen, welchen positiven Einfluss sie haben könnten.

Sie reden sich jedoch Dinge ein wie:

„Erst mal verdiene ich viel Geld und dann tue ich Gutes“ – als ob sich das widerspricht? Absurd! Ich muss nur eine Berufung finden, mit der ich Gutes tue und gleichzeitig Geld verdiene.

„Ich will mich unbedingt besser ernähren. Aber heute gehe ich noch mal zu McDonalds“

„Ich will Solarstrom beziehen, aber der kostet drei Cent mehr, ich warte auf die nächste Gehaltserhöhung“

„Ich will mein eigenes Unternehmen gründen, aber ich traue mich noch nicht“

Was diese Menschen nicht verstehen, ist das was Tyler Durden in Fight Club so wunderbar auf den Punkt gebracht hat:

“This is your life and it's ending one minute at a time.”

—Tyler Durden, Fight Club

(D: „Dies ist Dein Leben und es geht mit jeder Minute, die vergeht, unausweichlich seinem Ende entgegen.“)

Du hast nur dieses eine Leben, Du hast nur diesen einen Tag, worauf wartest Du?

Woher weißt Du, dass Du morgen noch lebst? Und selbst wenn Du 120 Jahre alt wirst, willst Du dann zu einem dieser Menschen gehören, die auf dem Sterbebett liegen „Hätte, wäre, sollte" jammern und die ganzen Dinge bereuen, die sie nicht gemacht haben und den Chancen hinterher weinen, die sie verpasst haben?

„Don't count the days, make the days count"

—Muhammad Ali

(D: „Zähle nicht die Tage, sondern sorge dafür, dass jeder Tag zählt")

Du wartest auf den nächsten Urlaub, das nächste Wochenende oder den Feierabend? Dann weißt Du, Du machst etwas falsch. Dann musst Du etwas ändern.

Ich wünschte, jeder Tag hätte doppelt so viele Stunden und jede Woche doppelt so viele Tage, sodass ich mehr arbeiten könnte. Wenn Du einer Arbeit nachgehst, die Dich nicht glücklich macht, dann solltest Du das so schnell wie möglich ändern. Die verlorenen Sekunden, Minuten, Tage, Wochen und Jahre kommen nie wieder zurück. Verschwende nicht noch mehr Deiner wertvollen Lebenszeit!

Ich liebe dieses Zitat, das es auf humorvolle Art und Weise perfekt auf den Punkt bringt:

„You could die at any moment. Always fuck on the first date!"

—Unknown

(D: „Du könntest jeden Moment sterben, habe immer Sex beim ersten Date!")

Du hast überhaupt keine Ahnung, ob es noch ein zweites oder drittes Date geben wird. Nutze jeden Moment Deines Lebens voll aus und mache das Bestmögliche draus!

„Time is the scarcest resource and unless it is managed, nothing else can be managed."

—Peter Drucker

(D: „Zeit ist die knappste Ressource, die es gibt. Wenn sie nicht geplant wird, kann nichts geplant werden.")

Um die Lebenszeit, die Du hast, sinnvoll zu investieren, musst Du sie natürlich managen. Setze Dich hin und schreibe Dir auf, was die wichtigsten Dinge sind, die Du unbedingt täglich machen solltest.

Bei mir sind das Schreiben, Meditieren, Sport machen, meine Vision verinnerlichen und mit schönen und bezaubernden Frauen umgeben zu sein. Bevor ich diese Dinge getan habe, war alles andere Ablenkung und Zeitverschwendung!

Da ich weiß, dass für mich NICHTS anderes wichtiger ist, versuche ich täglich diese Dinge zu machen, bevor ich irgendetwas anderes machen.

Nutze einen Kalender, um Deine Zeit zu managen und blockiere Dir die Zeitblöcke darin, die Du brauchst, um die wichtigsten Aufgaben zu erledigen, die Du erledigen musst.

Wenn Du nicht Deine Zeit planst und somit Dein Ding machst und Deinen Traum lebst, dann wird jemand anders Deine Zeit verplanen und Du wirst niemals selbstbestimmt sein und Deinen Traum leben.

Du musst es einfach nur machen. Oder wie es die Eishockeylegende Wayne Gretzky mal wunderbar treffend auf den Punkt gebracht hat:

„You'll always miss 100% of the shots you don't take.“

—Wayne Gretzky

(D: „Du wirst jedes Ziel verfehlen, das Du Dir nicht vornimmst zu erreichen“)

UMGIB DICH MIT DEN RICHTIGEN MENSCHEN

Nicht nur unser Wohlbefinden, sondern auch unser Verhalten und alles was wir wissen, lernen, woran wir glauben und was für einen Lebensstil wir haben, hängt zu 100% mit den Menschen zusammen, mit denen wir uns umgeben.

„You are the average of the 5 people you spend the most time with"

—Jim Rohn

(D: „Du bist der Durchschnitt der fünf Menschen, mit denen Du am meisten Zeit verbringst")

Dies gilt natürlich besonders für die fünf Menschen, mit denen Du am meisten Zeit teilst, seien es Freunde, Partner oder Arbeitskollegen. Aber genauso färben natürlich auch ALLE anderen Menschen, mit denen wir direkt, oder Zeit verbringen, auf uns ab.

Wissenschaftliche Studien zeigen immer wieder, dass Menschen, die von Übergewichtigen umgeben sind, statistisch gesehen wesentlich wahrscheinlicher ebenfalls übergewichtig werden als andere.

Menschen, die viel Alkohol trinken, sind in der Regel von anderen Alkohol trinkenden Menschen umgeben.

Wenn Deine Freunde gerne zu McDonalds gehen, ist die Wahrscheinlichkeit, dass Du ebenfalls dort etwas isst, wesentlich höher, als wenn Du alleine unterwegs bist und etwas Gesundes wählen könntest, und Menschen, die sich mit anderen umgeben, die Drogen nehmen, nehmen ebenfalls wesentlich wahrscheinlicher Drogen.

Das gleiche gilt natürlich genauso umgekehrt. Wenn die Menschen in Deiner Umgebung einen gesunden Lifestyle haben, ist die Wahrscheinlichkeit hoch, dass dieser Lifestyle nicht nur im positiven Sinne auf Dich abfärbt, sondern Du ihn auch viel besser langfristig durchziehen kannst, als wenn Deine Freunde nur trinken, Fast Food essen und ihre Freizeit auf der Couch verbringen.

Überlege Dir also ganz genau, welche Menschen Du in Deinem Leben haben willst und von welchen Du Dich vielleicht lieber verabschieden solltest.

Suche Dir bewusst Menschen aus, die ein positives Vorbild sind und Dir direkt und indirekt dabei helfen, Deine Ziele zu erreichen.

Die Hip-Hop und Snapchat Legende DJ Khaled hat es perfekt auf den Punkt getroffen, indem er folgendes Mantra geprägt hat:

„Stay away from they!“

—DJ Khaled

(D:„Halte Dich von ihnen fern!“)

Die Menschen, die er meint, sind die Hater, die negativen, die faulen und die Nichtsnutze. Kurzum alle Menschen, die Dich davon abhalten, Deine Ziele zu erreichen und ein glückliches Leben zu führen. Halte Dich von ihnen fern!

„Don't make friends who are comfortable to be with, make friends who will force you to lever yourself up!"

—Thomas J. Watson

(D: „Habe keine Freunde, in deren Gegenwart es angenehm ist, habe Freunde, die Dich dazu zwingen, Dich weiterzuentwickeln!")

Wenn Du ein wirklich erfülltes und glückliches Leben haben willst, dann willst Du nicht die Freunde haben, mit denen Du nur chillen, saufen und kiffen kannst. Im Gegenteil, Du willst Freunde, die Dich kontinuierlich direkt oder indirekt dazu inspirieren, Deinen Weg weiterzugehen, Deine Ziele zu verfolgen und Deinen Traum zu leben.

Freunde sollten nicht dazu da sein, um mit ihnen Zeit zu verschwenden, Freunde sollten dazu da sein, um mit ihnen Ideen und Erfahrungen auszutauschen zu können, um sich gegenseitig zu inspirieren. Wenn ihr dazu ein Glas Wein trinkt oder einen Joint raucht, ist das natürlich alles andere als verwerflich, aber das sollte keinesfalls der einzige Inhalt eurer Zusammenkunft sein!

Eleanor Roosevelt hat dazu sehr treffend gesagt:

„Great minds discuss ideas; average minds discuss events; small minds discuss people“

—Eleanor Roosevelt

Umgib Dich mit Menschen, die über Ideen reden! Alles andere sorgt für Stillstand und Negativität in Deinem Leben.

Du wirst merken, dass nicht alle Deine Freunde, Bekannte und sogar Familienmitglieder etwas mit Deinem Weg anfangen können. Sobald Du Dich dafür entscheidest, Deinen Weg zu gehen, Deine Berufung zu leben („Beruf“ kommt von Berufung) und Deine Visionen und Träume zu verwirklichen, wird es Menschen geben, die Dich nicht verstehen. Es wird Menschen geben, die Dir neiden und die versuchen werden, so viele Steine in den Weg zu legen, wie nur möglich.

Lass Dich davon nicht abbringen, es ist eine wunderbare Möglichkeit festzustellen, wer Deine wirklichen Freunde sind. Wer Dich wirklich zu 100% so akzeptiert, wie Du bist und wer Dich dabei unterstützt zu wachsen.

„People never want to be part of the process, but they want to be part of the outcome. The process is where you figure out who is worth being part of the outcome.“

—Unknown

(D: „Die Menschen wollen nie Teil des Weges sein, sondern nur Teil des Erfolgs. Der Weg ist, wo Du herausfindest, wer es verdient hat, am Erfolg teilzuhaben.“)

Es gibt immer mal wieder Menschen, die mich eine Weile nicht gesehen haben und dann so was sagen wie „Du hast Dich aber verändert, ich erkenne Dich ja gar nicht wieder, Du bist überhaupt nicht mehr der Alte“, ich muss dann immer lachen und sagen: „Wäre ja auch traurig, wenn ich mich nicht entwickelt hätte, nicht gewachsen wäre, dann hätte ich die ganze Zeit, die wir uns jetzt nicht gesehen haben, verschwendet.“

Häufig ist das natürlich eher kritisch gemeint, als anerkennend. Daran erkennst Du sofort, wer aus Deinem Umfeld bereit ist zu wachsen und Dich zu unterstützen, und wer nicht.

Wenn Du dann anfängst, erste Erfolge zu haben und Deine Ziele zu erreichen, weißt Du, wer schon da war als Du noch am Anfang standest und Dir damals schon Feedback gegeben und Dich unterstützt hat und wer jetzt nur an den Früchten des Erfolges teilhaben möchte.

Auf dem ganzen Weg wird es Menschen geben, die Dich vom Ziel abbringen, entmutigen oder schlichtweg erniedrigen wollen. Diese Menschen wollen Dich von Deinem Erfolg abhalten, um sich selber besser zu fühlen. Ich habe es noch nie verstanden, warum Menschen anderen neiden, aber leider sind viele Menschen so gestrickt und das wird sich wohl leider auch niemals ändern.

Daher bringt es nichts, sich darüber zu ärgern, oder diese Menschen eines Besseren belehren zu wollen. Ignoriere sie einfach und lass sie ihre Negativität ins leere Brüllen. Wenn Du Dir die Negativität nicht nahekommen lässt, dann hat sie auch keinerlei Wirkung auf Dich.

"Nobody can make you feel inferior without your consent."

—Eleanor Roosevelt

(D: „Niemand kann Dir ohne Deine Einwilligung ein schlechtes Gefühl geben.")

Dieses Zitat trifft es wie ein Dartpfeil das Bullseye: Wenn Du nicht aktiv zustimmst, kann NIEMAND Dir ein schlechtes Gefühl geben!

ENTSCHLIESSE DICH, GLÜCKLICHE UND ERFÜLLTE BEZIEHUNGEN ZU FÜHREN

Wenn Du die negativen Menschen losgelassen hast, und die positiven Menschen in Deinem Leben willkommen geheißen hast, gilt es nun mit diesen Menschen glückliche und erfüllte Beziehungen zu führen.

„There comes a time in life, when you walk away from all the drama and people who create it. Surround yourself with people who make you laugh, forget the bad, and focus on the good. Love the people who treat you right. Pray for the one´s who don´t. Life is too short to be anything but happy. Falling down is part of life, getting back up is living!"

—Unknown

(D: „Es kommt eine Zeit in Deinem Leben, wo Du Dich von allem Drama und den Menschen, die es erzeugen, löst. Umgib Dich mit Menschen, mit denen Du lachen kannst, vergiss alles Negative und konzentriere Dich aufs Positive. Liebe die Menschen, die Dich gut behandeln, und bete für diejenigen, die dazu nicht in der Lage sind. Das Leben ist zu kurz, um nicht glücklich zu sein. Hinfallen ist Teil des Lebens, wieder aufstehen ist leben!")

Mit erfüllten Beziehungen meine ich nicht nur sexuelle und romantische Bindungen, sondern jede Beziehung in Deinem Leben. Zu Deinen Freunden, Kollegen, der Familie und allen Menschen, mit denen Du regelmäßig Zeit verbringst.

Über erfüllende und glückliche Beziehungen könnte ich mehrere Bücher füllen, aber es gibt ein paar wesentliche Grundsätze, auf die es ankommt. Wenn Du die verinnerlichst, hast Du die Grundlagen für jede erfolgreiche Beziehung:

Sei ehrlich!

„Honesty is a very expensive gift,
do not expect it from cheap people."

—Warren Buffett

(D: „Ehrlichkeit ist ein sehr teures Geschenk, erwarte es nicht von geizigen Menschen")

Ehrlichkeit ist die wesentlichste Grundlage für eine funktionierende Beziehung. Ohne Ehrlichkeit kann kein Vertrauen entstehen und ohne Vertrauen ist eine Beziehung wertlos. Außerdem ist Ehrlichkeit der einfachste Filter, um herauszufinden, ob es wert ist, mit jemandem eine Beziehung aufzubauen, oder nicht.

Wenn die Person offen und ehrlich ist und die Bereitschaft zeigt, sich verletzlich zu machen, dann ist es wert, eine Beziehung aufzubauen, teilweise sogar, wenn andere Faktoren nicht optimal gegeben sind.

Eine Beziehung mit jemandem aufzubauen, der verlogen, hinterhältig oder nicht authentisch ist, ist es jedoch niemals wert. Auch wenn andere Faktoren passen.

Höre zu!

Die meisten Menschen versuchen, anderen ihr Weltbild aufzudrängen, indem sie ihnen ihre eigenen Werte oder Meinungen eintrichtern wollen. Diese Menschen verstehen nicht, dass man niemals jemanden verändern kann. Ein Mensch muss immer selber den Willen zur Veränderung haben.

„There is nothing you can do to change other people."

—Johnny Soporno

(D: „Es gibt nichts, womit Du andere Menschen verändern kannst")

Wenn Du aber zuhörst, fühlt sich der andere wahrgenommen und ernst genommen. Dann ist die Wahrscheinlichkeit viel höher, dass diese Person auch bereit ist, Dir zuzuhören und Deine Ansichten zu reflektieren.

Letztendlich geht es aber auch darum nicht. Versuche nicht, andere zu belehren, versuche im Gegenteil durch Zuhören herauszufinden, wer der andere ist und was Du vielleicht von ihr oder ihm lernen kannst. Das ist viel wertvoller, als jemandem Deine Perspektive gegen seinen Willen aufzudrücken.

Außerdem stärkst Du damit immens eure Beziehung. Jeder Mensch hört sich immer selber am liebsten reden. Wenn Du anderen den Raum gibst, sich mitzuteilen und gehört zu werden, wirst Du in deren Ansehen und Wertschätzung stark steigen und diese Menschen werden es genießen, Dich in ihrer Gegenwart zu haben.

Erwarte nichts!

Erwartungen sind der Tod für jede Beziehung. Wichtig ist, dass Du Deine Grenzen kennst und diese auch kommunizierst. Erwarte aber niemals von anderen, dass sie diese Grenzen auch einhalten werden. Und versuche erst recht nicht, ihnen entgegenzukommen, indem Du Deine Werte und Grenzen verletzt. Beziehungen lassen sich nicht erzwingen, entweder es passt, oder es passt nicht.

„Don't chase people. Be you, do your own thing and work hard. The right people who belong in your life will come to you and stay."

—Wu Tang Clan

(D: „Laufe niemandem hinterher. Sei Du selbst, mach Dein Ding und arbeite hart. Die richtigen Menschen, die in Dein Leben gehören, werden kommen und bleiben.")

Die richtigen Menschen werden sich in Deinem Leben einfinden und die falschen gehen direkt weiter, solange Du Dein Ding machst und Dir treu bleibst.

Natürlich musst Du aktiv daran arbeiten, Beziehungen aufzubauen und zu pflegen. Aber verschwende diese Arbeit und Zeit nicht an Menschen, die es nicht verdient haben.

Starte mit der Beziehung zu Dir selbst!

Es ist unmöglich, eine erfüllte und glückliche Beziehung mit jemand anderem zu führen, wenn Du nicht erst mal eine glückliche und erfüllte Beziehung mit Dir selbst hast. Nur wenn Du Dich selbst zu 100% liebst und akzeptierst, können auch andere Dich lieben und akzeptieren.

„Stop looking for your soulmate,
start looking for your soul, mate!"

—Unknown

(D: „Hör auf, nach Deinem Seelenverwandten zu suchen, suche nach Deiner Seele!")

Arbeite an Dir selbst und lege damit den wichtigsten Grundstein für jede erfolgreiche Beziehung!

„The greatest gift you can give to somebody is your own personal development.

I used to say, 'if you take care of me, I will take care of you.'

Now I say, 'I will take care of me for you, if you will take care of you for me.'"

—Jim Rohn

(D: „Das schönste Geschenk, das Du jemandem machen kannst, ist Deine eigene Persönlichkeitsentwicklung.

Früher habe ich gesagt: „Wenn Du Dich um mich kümmerst, dann kümmere ich mich um Dich.“

Heute sage ich: „Ich kümmere mich um mich für Dich, wenn Du Dich um Dich für mich kümmerst.'“)

Wenn Du diese wenigen, aber sehr effektiven uns wesentlichen Grundsätze einhältst, steht dem Aufbau glücklicher und erfüllter Beziehungen nichts mehr im Wege.

LIEBE

Das wichtigste im Leben ist die Liebe. Liebe zu Dir selbst, Liebe zu anderen Menschen, Liebe zu allem, was Du tust, Liebe zu allem, was Dich umgibt, Liebe für das Universum.

Ein glückliches und erfülltes Leben zu führen ohne zu lieben ist unmöglich.

„Money is good, love is wealth“

—Doug Horton

(D: „Geld ist gut, aber Liebe ist Reichtum“)

Viele Menschen verschließen sich und halten ihre Liebe, Dankbarkeit und Zuneigung, die jeder Mensch in seinem tiefsten Inneren trägt, zurück.

Zu lieben heißt auch immer sich zu öffnen und sich verletzlich zu machen. Anstatt sich darauf einzulassen, sind die meisten Menschen lieber vorsichtig und zurückhaltend. Das führt zwar zu einem Leben ohne große Verletzungen und Enttäuschungen, gleichzeitig aber auch zu einem Leben ohne Liebe. Und ohne Liebe kann es auch kein glückliches Leben geben.

„Of all forms of caution, caution in love is perhaps the most fatal to true happiness.“

—Bertrand Russell

(D: „Von allen Vorsichtsmaßnahmen ist die Vorsicht in der Liebe die fatalste, um wirkliches Glück zu erfahren.“)

Am schlimmsten ist, dass ein Mensch, der nicht liebt, selbst den wichtigsten Menschen in seiner Welt nicht lieben kann: sich selbst. Und wenn Du Dich selbst nicht liebst, kannst Du natürlich auch niemand anderen lieben, geschweige denn von jemand anderem geliebt werden.

„If you don't like yourself, you can't like other people.“

—Robert Heinlein

(D: „Wenn Du Dich selbst nicht magst, kannst Du auch andere Menschen nicht mögen.“)

Wenn Du Dich selbst liebst, öffnet sich plötzlich ein Reservoir von unendlicher Liebe, das Du frei und unerschöpflich mit anderen Menschen, der Welt und dem Universum teilen kannst.

„Your life is a journey of learning to love yourself first. And then extending that love to others in every encounter.“

—Gabrielle Orr

(D: „Dein Leben ist eine Reise, auf der Du zuerst lernst, Dich selbst zu lieben. Daraufhin erstreckst Du diese Liebe auch auf andere in jeder Deiner Begegnungen.“)

Je mehr Liebe Du teilst, desto mehr Liebe bekommst Du zurück. Und je mehr Liebe Du teilst, desto mehr Liebe kannst Du verteilen. Liebe ist die einzige Ressource, die sich vermehrt, je mehr Du davon verschenkst!

„The more you love, the more you can love--and the more intensely you love.“

—Robert Heinlein

(D: „Je mehr Du liebst, desto mehr kannst Du lieben und desto intensiver kannst Du lieben.“)

SEI ECHT

Dieses Kapitel ist an Männer gerichtet. Wenn Du eine Frau bist, lohnt es sich das Kapitel jedoch dennoch zu lesen, vielleicht erkennst Du den einen oder anderen Mann aus Deinem Umfeld darin wieder...

Viele Männer aller Altersstufen heutzutage sind verweichlichte, pubertäre und pornosüchtige Wesen, die vergessen haben, was es heißt, ein Gentleman zu sein.

Sie verbiegen sich, ändern ihre Meinung, sobald sie Gegenwind bekommen, und können nicht mal mehr der starke Mann an der Seite von Frauen sein, der sie führt und Entscheidungen trifft.

Frag jede Frau, die Du kennst und jede dieser Frauen wird Dir sagen, dass Frauen es lieben, wenn sie einen Mann haben, der die Führung übernehmen und Entscheidungen treffen kann.

Ein Gentleman, der ihr die Tür aufhält, ein Gentleman, der ihr eine ehrliche Meinung gibt, wenn sie ihn fragt, welches Outfit sie heute Abend tragen soll – also eine Entscheidung trifft, die ihr alleine schwerfallen würde.

Ein Mann, der eine Reservierung in ihrem Lieblingsrestaurant macht, wenn beide ausgehen wollen, anstatt eines Mannes, der sagt: „Ist mir egal, wo es hingeht, entscheide Du“ - da läuft es mir kalt über den Rücken, wenn ich darüber nachdenke, dass Frauen sich nicht mehr auf die Männer verlassen können, sondern in einer Beziehung neben ihrer weiblichen Rolle auch noch die männliche ausfüllen müssen.

„Being a Gentleman doesn´t make you a pussy, it get´s you pussy"

—Unknown

(D: „Ein Gentleman zu sein macht Dich nicht zur Pussy, es verhilft Dir zu Pussy.")

Frauen lieben Männer, die noch richtige Männer sind. Deine Männlichkeit turnt sie an, das kreiert Anziehung. Wenn sie Deine männliche Rolle übernehmen muss, dann schwindet die Begierde und Anziehung, die sie Dir gegenüber spürt, ganz schnell.

Jetzt höre ich natürlich direkt schon wieder die ganzen Hobbyfeministen schreien: „Aber das ist doch sexistisch, Du sprichst Frauen ab, dass sie Entscheidungen treffen, die Tür aufmachen und die Führung übernehmen können."

Das Gegenteil ist der Fall, Frauen können diese Dinge wunderbar und machen das den ganzen Tag über auch, daher freuen sie sich umso mehr, wenn sie Dich sehen und sich in Deiner männlichen Präsenz einfach mal fallen lassen können. Genießen können und ihre volle Kreativität und Leichtigkeit zeigen und somit ihre ganze Weiblichkeit entfalten können.

Die meisten Männer sind zu egoistisch und unsicher, um Gentlemen zu sein. Viele Männer sind Weicheier, die nur auf ihren eigenen Vorteil aus sind und nur ihre eigenen Bedürfnisse befriedigen wollen. Besonders die Männer, die sich als Feministen bezeichnen und die Emanzipation der Frau als Vorwand nehmen, die Bedürfnisse der Frauen nicht mehr befriedigen zu müssen, sondern nur noch auf ihre eigene Bedürfnisbefriedigung aus sind und das als „Feminismus“ bezeichnen.

Nur ein richtiger Gentleman kann ein Feminist sein, nur ein richtiger Gentleman, bei dem sich die Frau fallen lassen kann, kann die Bedürfnisse einer Frau befriedigen.

Gib ihr die Chance, sich bei Dir voll und ganz fallen lassen zu können, indem Du ihr das Geschenk Deiner Männlichkeit machst.

Sei ein Gentleman!

Um ein richtiger, ernst zu nehmender Mann zu sein, ist es natürlich nicht nur wesentlich, dass Du die Bedürfnisse der Frauen befriedigst, sondern dass Du auch in allen anderen Lebensbereichen Eier zeigst und kein egoistischer Feigling bist, der ständig seine Fahne nach dem Wind hängt.

„Be the kind of person you'd want to meet.“

—Johnny Soporno

(D: „Verkörpere denjenigen Menschen, den Du gerne kennenlernen würdest.“)

Wenn Du Dich selbst triffst, würdest Du Dein eigener Freund sein wollen? Wenn nein, dann ändere den Grund dafür sofort. Wer sollte Dein Freund, Dein Geschäftspartner, oder Deine Liebhaberin sein wollen, wenn Du Dir dieses Geschenk nicht einmal selbst machen würdest?

Viele Männer da draußen sind solche Lauchs, dass sie sich niemals selber als Freund nehmen würden.

Sie haben keine eigene Meinung. „So viel Rückgrat wie ein Haribo Gummibär" und sind lieber ein Sandsack, anstatt der Boxer, der am Sandsack trainiert, denn sonst müssten sie sich ja in die Arena begeben und sich zeigen. Lächerlich.

Überlege Dir ganz genau, wie Du bist. Hast Du ein festes Wertesystem, von dem Dich NIEMAND abbringen kann? Hast Du eine eigene Meinung, zu der Du stehst, auf der Du aber auch nicht starr beharrst, sondern gleichzeitig auch bereit bist sie zu überdenken, wenn Dir jemand schlüssige Argumente dafür liefert?

Würdest Du Dich mit Deinen Fäusten selbst verteidigen, wenn nötig? Bist Du bereit Kindern, Älteren, körperlich beeinträchtigten Menschen und Frauen zu helfen, wenn sie Hilfe benötigen? Egal, ob beim Tragen eines Kinderwagens, eines Einkaufsbeutels oder beim Begleiten über die Straße, oder schaust Du lieber weg und gehst einfach weiter?

Wenn ein Mann irgendeine der oben genannten Fragen mit „nein" beantwortet, dann sollte er ganz schnell sein Leben überdenken und es ändern.

Sei Du ein Mann, der für etwas steht, ein Mann der Werte hat und ein Mann, der noch ein richtiger Gentleman ist.

Sei ein Mann, kein Neutrum.

Es ist auch vollkommen okay, wenn Du die bisherigen Zeilen dieses Kapitels vielleicht mit ein wenig Bauchschmerzen gelesen hast, da Du möglicherweise erkannt hast, das Du in vielerlei Hinsicht noch kein richtiger Gentleman bist. Das ist nicht Deine Schuld, schließlich werden wir in unserer Gesellschaft alle dazu konditioniert, gehorsame Weicheier zu sein, die zu allem Ja und Amen sagen, anstatt ein eigenes Wertesystem aufzubauen.

Wichtig ist nur, dass wir uns das auch eingestehen, denn ohne das Eingeständnis können wir uns auch nicht zum Positiven verändern, unsere Schwächen ablegen und wachsen.

„When you take ownership of all your flaws and weaknesses, you´ve won!“

—Gary Vaynerchuck

(D: „Wenn Du Dir alle Deine Fehler und Schwächen eingestehst, hast Du gewonnen!“)

Wir haben alle unsere Schwächen. Fast alle Männer in dieser Gesellschaft sind nicht nur keine Gentlemen, sondern noch schlimmer, sie sind gehorsame Weicheier. Menschen, die nicht für sich selber denken und handeln können. Sie machen alles nach, was ihnen vom Mainstream vorgemacht wird und glauben alles, was ihnen die Mainstreammedien erzählen.

Wenn Du einer von den wenigen Männern bist, die tatsächlich bereit sind zu wachsen und sich zu entwickeln, dann hast Du einen enormen Wettbewerbsvorteil. Nicht nur wirst Du ein viel erfüllteres und glücklicheres Leben haben, sondern Du die Frauen werden sprichwörtlich bei Dir Schlange stehen.

Auch hättest Du keine Minderwertigkeitsgefühle, würdest keinen Neid oder Eifersucht mehr empfinden, alles Gefühle, die Deine Attraktivität und Anerkennung bei Frauen und anderen Menschen in Deinem Leben vernichten und somit Deine Beziehungen zerstören.

Du hast schlichtweg kein Konkurrenzdenken mit anderen Männern mehr. Denn Du erkennst Deinen eigenen Wert und siehst, dass es keine Konkurrenz gibt. Es ist genug für alle da. Du machst einfach Dein Ding und lässt andere ihr Ding machen.

Anstatt andere dabei zu sabotieren, hilfst Du ihnen.

„A competent and self confident person is incapable of jealousy in anything. Jealousy is invariably a symptom of neurotic insecurity.“

—Robert Heinlein

(D: „Einer kompetenten und selbstsicheren Person ist es unmöglich zu neiden. Neid ist ausnahmslos ein Symptom neurotischer Unsicherheit.“)

Perfekt zusammengefasst hat Osho, was einen richtigen Mann ausmacht:

„The New Man is courageous, not hypocritical or dishonest. He is authentic. He does not create a jail around him and live like a prisoner; instead he enjoys total freedom. He is filled with life, love, and joy. This new man knows no boundaries between people of different colors or ideologies. He is universal, not bound by creed, religion, or nationality. He is neither a capitalist nor a communist; rather he is just a man who cannot be put into a specific box. He is a complete man."

—Osho

(D: „Der vollkommene Mann ist mutig, nicht heuchlerisch und unehrlich. Er ist authentisch. Er lebt nicht wie ein Gefangener in seinem eigenen Gefängnis, stattdessen genießt er vollkommene Freiheit. Er ist erfüllt von Liebe, Freude und lebt ein erfülltes Leben. Dieser vollkommene Mann kennt keine Grenzen zwischen Menschen mit unterschiedlicher Herkunft, Hautfarbe oder Meinung. Er ist universell, nicht an eine Ideologie, eine Religion oder Nationalität gebunden. Er ist weder Kapitalist, noch Kommunist; stattdessen ist er ein Mann, der nicht in Schubladen einzuordnen ist, da er keinem Dogma anhaftet. Er ist ein vollkommener Mann.")

DENKE POSITIV

Positives Denken ist der Grundstein für Dein Wohlbefinden und Dein Glück im Leben. Alles hat immer seine zwei Seiten, Du hast immer die Möglichkeit, in allem ein halbvolles, oder ein halbleeres Glas zu sehen.

Entschließe Dich, positiv zu denken und beobachte, wie sich Dein Leben zum Positiven wandelt.

Alle Deine Gedanken, die Du bisher in Deinem Leben hattest, und die Gedanken von anderen, die Du bewusst oder unbewusst übernommen hast, haben Dich zu dem Menschen gemacht, der Du jetzt bist.

„You are today where your thoughts have brought you; you will be tomorrow where your thoughts take you.“

—James Lane Allen

(D: „Deine Gedanken haben Dich dorthin gebracht, wo Du heute stehst. Morgen wirst Du dort sein, wo Deine Gedanken Dich hintragen.“)

Jedes Ziel, jede Vision, jeder Wunsch fängt mit einem Gedanken an. Genauso fängt auch jedes Desaster mit einem Gedanken an. Sorge dafür, dass Deine Gedanken Dich zu Deinen Zielen tragen, anstatt Dich davon zu entfernen!

„Change your thoughts and you will change the world.“

—Norman Vincent Peale

(D: „Ändere Deine Gedanken, und Du änderst die Welt“)

Deine Weltanschauung und Deine Interpretation der Dinge haben natürlich nicht nur Einfluss auf Dich, sondern auch auf den Rest der Welt.

Du kannst Dich z.B. entscheiden, die Welt als ungerecht zu betrachten, und daraus den Schluss ziehen, dem Staat auf der Tasche zu liegen, indem Du Transferleistungen beziehst, nebenher andere Menschen ausraubst, von denen Du denkst, sie seinen wirtschaftlich besser situiert als Du und aus dieser Misere heraus auch in allen anderen Lebenssituationen eine Opferrolle einnehmen, Negativität verstrahlen und unglücklich sein.

Oder Du kannst erkennen, dass Du Dein Leben selber in die Hand nehmen kannst. Darauf hinarbeiten kannst, besser situiert zu sein. Du gründest Dein eigenes Unternehmen, verbesserst Deine eigene Situation und nutzt Deine Mittel und Deinen Einfluss, den Du dadurch gewinnst, um die Welt zu einem besseren Ort zu machen.

Das sind zwei vollkommen unterschiedliche Sichtweisen. Die eine ist sehr negativ und zerstörerisch, die andere sehr positiv und bemächtigt Dich dazu, Deine Vision zu verwirklichen.

Die eine ist die Opferrolle, die die meisten Menschen gerne einnehmen, die andere ist die Rolle der Macher, der kreativen, der Mutigen, die nur sehr wenige Menschen bereit sind einzunehmen.

Du hast es in der Hand. Willst Du ein Opfer Deiner Umstände sein, oder der Erschaffer eines positiven, glücklichen und selbstbestimmten Lebens?

Vielleicht denkst Du jetzt, das ist ja einfach daher gesagt, „einfach mein eigenes Unternehmen gründen und die Welt verbessern..., wenn da so einfach wäre, würde das dann nicht jeder machen?“

Nein, es würde nicht jeder machen, die meisten Menschen sind einfach zu bequem, zu undiszipliniert und zu faul. Sie wollen sich nicht ändern und weiterentwickeln. Aber jeder Unternehmer, ob klein oder groß hat irgendwann mal angefangen. Wir sehen immer nur das Resultat und denken dann das es nicht so einfach sein kann.

Aber egal welchen Unternehmer Du Dir anschaust, jeder hat irgendwann einfach losgelegt. Bill Gates, Steve Jobs, Mark Zuckerberg, Richard Branson, alles Männer die einfach „nur“ in ihren Garagen und Studentenwohnungen angefangen haben – irgendwann ist dann etwas großes daraus entstanden.

Du kannst das auch. Du musst nur bereit sein loszulegen und viel zu arbeiten. Wahrscheinlich wird Dein Unternehmen nicht ein milliardenschwerer multinationaler Konzern wie Microsoft, Apple, Facebook oder Virgin, aber Du machst Dein eigenes Ding und bist Herr über Dein eigenes Leben.

„To hell with circumstances, I create opportunities!“

—Bruce Lee

(D: „Scheiß auf die Umstände, ich erschaffe Chancen!“)

Du kannst Deine Realität akzeptieren, wie sie ist, oder wie Bruce Lee neue Chancen und Möglichkeiten erkennen und nutzen.

Wenn Du anfängst, neue Chancen und Möglichkeiten zu erkennen und zu nutzen, werden plötzlich Dinge passieren, die davor noch vollkommen außerhalb Deiner Realität und somit auch vollkommen außerhalb jeglichen Rahmens dessen, was Du für möglich gehalten hast, standen.

„Be realistic: plan for a miracle.“

—Osho

(D: „Sei realistisch, rechne mit einem Wunder“)

Wunder und plötzliche Glücksmomente kommen niemals von ungefähr. Sie sind immer die logische Konsequenz Deines Handelns.

Wenn Du Dein eigenes Unternehmen gründest und jeden Tag hart arbeitest, ist es kein Wunder, wenn Du plötzlich die Aufträge bekommst, die Du Dir immer gewünscht hast. Und es ist auch kein Wunder, wenn Du nach ein paar Jahren Millionär bist.

Wenn Du täglich neue Menschen kennenlernst und offen durch die Welt gehst, ist es kein Wunder, wenn Du plötzlich Deine Traumpartnerin oder Deinen Traumpartner triffst und einen tollen Freundeskreis hast.

Wenn Du jeden Tag Sport machst und ein aktives Leben führst, ist es kein Wunder wenn Du nach wenigen Monaten Deine Traumfigur hast und Dich fitter und gesünder fühlst, als jemals zuvor in Deinem Leben.

Sei also realistisch und rechne mit dem Wunder. Wenn Du positiv denkst und Dein Leben in die Hand nimmst, sind die „Wunder“ unausweichlich.

Natürlich wird es auch Rückschläge geben auf Deinem Weg, aber das ist noch lange kein Grund aufzuhören positiv zu denken:

„There will be roadblocks, but we will overcome them.“

—DJ Khaled

(D: „Es wird auf unserem Weg Hindernisse geben, aber wir werden sie überwinden“)

Die Rückschläge und Hindernisse auf Deinem Weg sind Teil der Reise, Teil des Lebens. Aus jeder Herausforderung, die Du überwindest, wirst Du gestärkt hervorgehen. Das wichtige ist, das Du weitermachst, Dich nicht entmutigen lässt und immer an Dich glaubst!

Denn sobald Du Dir Sorgen machst und aufhörst, an Dich zu glauben, wirst Du nicht nur von Deinem Weg abkommen, sondern zusätzlich auch unglücklich und demotiviert werden.

„Worry is the worst possible use of imagination."

—Johnny Soporno

(D: „Sich Sorgen zu machen ist die schädlichste Nutzung Deiner Vorstellungskraft")

Alles, was Du denkst und fühlst, entsteht in Deinem Kopf. Jederzeit hast Du die Möglichkeit ein Ereignis als positiv oder negativ einzustufen. Egal, wie schlecht es gerade läuft, wie beschissen Du Dich fühlst, und mit welcher Zerstörungskraft gerade alles um Dich herum zusammenfällt, suche immer das Gute, Schöne und Positive in allem, was passiert.

Mit jeder Tür, die sich schließt, öffnen sich immer neue. Anstatt Deine Vorstellungskraft auf das Negative zu lenken und Dir zu überlegen, was noch Schlimmeres, Traurigeres und Schmerzhafteres passieren könnte, konzentriere Dich darauf, was Schönes und Positives aus der jeweiligen Situation entstehen kann.

Je mehr Du Dich auf das Positive konzentrierst, desto schneller kommen die Wegweiser und Antworten, nach denen Du suchst.

DENKE GROSS!

Um erfolgreich und glücklich zu sein, kommt es nicht nur darauf an, positiv zu denken. Es kommt ebenfalls darauf an, groß zu denken!

Während ich dieses Buch schreibe, gehe ich davon aus, dass es ein Bestseller wird und Millionen von Menschen auf der Welt es lesen werden.

Ich wünsche mir, dass so viele Menschen, wie nur möglich dieses Wissen in die Hand bekommen und so wie Du mit dem Lesen dieses Buches ihre Lebensqualität ins Unendliche verbessern können.

Ich gehe bei jedem Buch, das ich schreibe, davon aus, dass es ein Bestseller wird, den Millionen von Menschen lesen. Möglicherweise ist es noch nicht dieses Buch, das millionenfach gelesen wird, aber meine Bücher werden von Millionen von Menschen gelesen werden, das ist nur eine Frage der Zeit und disziplinierter Arbeit meinerseits.

„The man who has no imagination has no wings“

—Muhammad Ali

(D: „Wer keine Vorstellungskraft besitzt, hat keine Flügel“)

Meine Vorstellungskräfte sind meine Flügel, mit denen ich überall hinfliegen kann. Nichts, was ich im Leben bisher erreicht habe, habe ich mir vorher nicht vorgestellt. Es ist unmöglich, etwas Großes und Erstrebenswertes zu erreichen, ohne dass Du vorher davon geträumt hast und es Dir so bildhaft wie möglich vorgestellt hast.

Träume so groß Du kannst!

„If your dreams don´t scare you, they aren´t big enough“

—Unknown

(D: „Wenn Deine Träume Dich nicht beängstigen, dann träumst Du nicht groß genug“)

Deine Träume müssen Dir Angst und Respekt einflößen, sonst sind es ja keine Träume. Wenn Du Dir Dinge nur vorstellst, von denen Du weißt, dass Du sie problemlos erreichen kannst, hast Du eine To-do-Liste, keine Träume.

Kreiere eine Vision, die Dir Arschtritte verpasst. Deine To-do-Liste kannst Du problemlos auf morgen verschieben, aber wenn Du große Träume hast, musst Du jetzt anfangen und jeden Tag daran arbeiten, sonst wirst Du sie niemals erreichen!

„The biggest adventure you can take is to live the life of your dreams“

—Oprah Winfrey

(D: „Das größte Abenteuer, auf das Du Dich jemals einlassen kannst, ist, das Leben Deiner Träume zu leben“)

Lasse Deine Ängste, Deine Sorgen und Deine Unsicherheiten hinter Dir. Vergiss alles, was Dir alle jemals gesagt haben, an Warnungen ausgesprochen haben und an Ratschlägen gegeben haben (Rat-SCHLÄGE, ein RatSCHLAG ist immer ein Schlag, also ein Gewaltakt, den ein anderer Mensch Dir gegenüber verübt, eine Verletzung, die Dir zugefügt wird).

Folge Deinem Herzen, folge Deiner Intuition und lebe das Leben Deiner Träume – das einzige Leben, für das Du hier bist, das einzige Leben, was es sich zu leben lohnt!

„There is no passion to be found in playing small – in settling for a life that is less than the one you are capable of living.“

—Nelson Mandela

(D: „Du findest keine Leidenschaft, wenn Du Dich klein machst, wenn Du Dich mit einem Leben abgibst, das Dir weniger bietet, als das Leben, das Du leben könntest“)

Wenn Du groß denkst und ein Leben leben willst, das voll und ganz Deinen Träumen und Ambitionen entspricht, heißt das natürlich gleichzeitig auch, dass Du mehr dafür arbeiten musst!

„The bigger your ambition is, the more patience and work you have to deploy against it"

—Gary Vaynerchuck

(D: „Je höher Deine Ambitionen sind, desto mehr Geduld musst Du entfalten und Arbeit einsetzen")

Das Schöne ist: sobald Du anfängst, wirklich Deinen Traum zu leben und Dein volles Potenzial zu entfalten, wird sich Deine Arbeit nicht mehr wie Arbeit anfühlen. Sie ist Dein Leben, Teil Deines Lebens! Arbeit und Freizeit werden werden ineinander verschmelzen. Die absurde Idee, man müsste eine Work-Life-Balance haben, ist sowieso nur eine absurde Lüge, die mit der Industrialisierung entstanden ist.

Diese Lüge konnte nur entstehen, weil plötzlich viele Menschen eine Arbeit hatten, die sie nicht mehr glücklich gemacht hat.

Fakt ist: Arbeit und Leben ist beides Leben. Da gibt es nichts zu teilen. Sondern nur eine Entscheidung zu treffen, wie Du dafür sorgen kannst, dass Du eine Arbeit machst, die Dich erfüllt und Dir somit Energie gibt, anstatt dir Deine Energie zu rauben.

HÖR NIE AUF ZU LERNEN UND DICH WEITERZUENTWICKELN!

Lebenslanges Lernen ist häufig ein Gedanke, bei dem es Menschen kalt den Rücken herunterläuft, die gerade aus der Schule, Uni oder Ausbildung kommen.

Wenn man Lernen und Bildung mit unserem katastrophalen 'von oben herab' Bildungssystem assoziiert, das man in weiten Teilen durchaus eher als ein Indoktrinierungssystem für unterwürfige, meinungslose und funktionierende Arbeitnehmer betrachten könnte, als eine Institution für Bildung.

Dann ist diese negative Assoziation mit Lernen und Weiterbildung vollkommen nachvollziehbar. Ich habe die Schule auch gehasst. Ich habe dort auch nichts gelernt. Ich musste nach Schule und Uni erst mal alles wieder entlernen und neu erlernen, da fast alles, was ich dort gelernt habe, vollkommen realitätsfern war und in der wirklichen Welt keinen Nutzen hat.

Außer natürlich, man möchte ein funktionierendes Zahnrad im System sein. Außer, man möchte ein Leben lang im Hamsterrad laufen.

Aber wenn Du Wissen und Fähigkeiten haben möchtest, die Dich in der Welt wirklich weiterbringen, mit denen Du Dein eigenes Ding machen kannst und nicht nur ein funktionierender Steuerzahler und Konsument bist, der alles glaubt, was die Klatschpresse schreibt, kommst Du um Bildung nicht herum.

Mit Bildung meine ich richtige Bildung. Lies Bücher, gehe zu Seminaren und Workshops und am wichtigsten: mache Deine eigenen Erfahrungen.

Lies bestenfalls keine Zeitungen und schaue kein Fernsehen, denn dort will Dir immer jemand sein eignes Weltbild verkaufen und Dich davon abhalten, das Du Dir Deine eigene unvoreingenommene Meinung anhand Deiner eigenen Beobachtungen und Erfahrungen machst.

„You live and learn or you don't live long."

—Robert Heinlein

(D: „Lebe und lerne, ansonsten wirst Du nicht lange leben.")

Nur wenn Du bereit bist zu lernen, kannst Du die Welt verändern. Deine eigene Realität und den Rest der Welt. Ein Mann, der die ganze Welt verändert hat, hat dies perfekt zusammengefasst:

„Education is the most powerful weapon you can use to change the world."

—Nelson Mandela

(D: „Bildung ist die mächtigste Waffe, die Du nutzen kannst, um die Welt zu verändern.")

Bildung findet auch nicht nur in Büchern, oder Seminaren statt. Gehe raus, beobachte, sprich mit Menschen, bereise die Welt. Lerne von allem, was Dich umgibt!

„If you want something you've never had, you must be willing to do something you've never done!“

—Thomas Jefferson

(D: „Wenn Du etwas erreichen möchtest, was Du nie hattest, musst Du bereit sein etwas zu tun, was Du nie gemacht hast!“)

Die meisten Menschen wollen etwas erreichen, wollen ihre Träume verwirklichen, ohne etwas dafür zu tun. Das funktioniert natürlich nicht. Das wichtigste ist, das Du kontinuierlich für Deine Träume und Visionen arbeitest, das zweitwichtigste ist, dass Du täglich neues dazu lernst.

Sei Dein eigener Meister, Dein eigener Guru! Je mehr Du über Dich und die Welt lernst und je mehr Du das Gelernte auch umsetzt und die entsprechenden Konsequenzen daraus ziehst, desto mehr Kontrolle über Dein Leben und Dein Schicksal wirst Du bekommen.

„Self mastery is all that is needed.

For the power of the universe dwells within the self...

When you master yourself, you master your surroundings, your emotions and how you respond to others.

You create and control what you allow in your existence...

Life is a canvas, you are the artist, paint this life and make it a masterpiece.“

—Kateria

(D: „Selbstbeherrschung ist alles, was Du benötigst.

Denn die Kraft des Universums verweilt in Deinem Innern...

Wenn Du Dich selbst beherrschst, beherrschst Du Deine Umgebung, Deine Emotionen und die Art und Weise, wie Du auf Andere reagierst.

Du kreierst und kontrollierst alles, von dem Du umgeben sein möchtest...

Das Leben ist eine Leinwand und Du bist der Künstler, male Dein Leben und mache es zu einem Meisterwerk.“)

BEFREIE DICH AUS DEM HAMSTERRAD

Lebst Du noch ein Leben, bei dem Du auf das Wochenende und die Ferien hinlebst?

Lebst Du noch ein Leben, in dem Du von irgendjemandem abhängig bist, seien es Arbeitgeber, Eltern oder Partner?

Wenn nein, kannst Du dieses Kapitel überspringen, andernfalls ist es wahrscheinlich mitunter das wichtigste für Dich in diesem ganzen Buch!

„If money didn't exist, would you still get up every morning and do what you do for a living?"

—Unknown

(D: „Wenn Geld nicht existieren würde, würdest Du trotzdem jeden Morgen aufstehen und Deinen Tag so verbringen, wie Du es jetzt tust")

Wenn nein, dann solltest Du sofort etwas an Deinem Leben ändern!

Mal abgesehen davon, dass es Dich langfristig unbefriedigt und unglücklich machen wird, einer Tätigkeit nachzugehen, die Dich nicht zu 100% erfüllt, setzt Du Dich auch einem großen Risiko aus. Meinst Du wirklich, dass es in 20, 30 oder 50 Jahren noch eine Rente, oder Altersabsicherung in jeglicher Form geben wird? Sieht mir überhaupt nicht danach aus.

Meinst Du wirklich, dass Dein Job für immer sicher ist?

Meinst Du wirklich, dass es Deine Branche immer geben wird?

Frag mal einen Taxifahrer. Die meisten Taxifahrer glauben wirklich, dass ihr Job sicher wäre. „Beförderung wird ja immer gebraucht“ ist die Standardantwort. Das stimmt auch. Die Annahme, diese Menschen würden dafür gebraucht, ist nur vollkommen realitätsfern.

Es gibt heute schon Autos und Bahnen, die automatisch viel sicherer fahren, als Fahrzeuge mit Fahrern. Flugzeuge fliegen schon seit Jahrzehnten fast automatisch und die Piloten sind mehr Maskottchen, als Notwendigkeit.

Wenn man sich die momentane Entwicklung ansieht, ist davon auszugehen das in 10, spätestens 15 Jahren jedes Auto, jeder Bus, jede Bahn und jedes andere Beförderungsmittel automatisch fährt. Taxifahrer, Busfahrer, Bahnfahrer und Piloten werden in naher Zukunft nicht mehr benötigt werden.

Das Geheule wird groß werden. Millionen von Menschen werden weltweit ihre Jobs kürzester Zeit verlieren und das, obwohl sich diese Entwicklung seit Jahren abzeichnet und vollkommen unausweichlich ist. Aber die Menschen möchten lieber blind ihrem bisherigen Trott nachgehen, als sich weiterzuentwickeln.

Das kann man jetzt traurig finden, oder ungerecht oder tragisch. Alles legitime Gedanken und Emotionen. Aber davon auszugehen, dass es nicht so kommen wird und diese Arbeitskräfte benötigt werden, ist vollkommen naiv und realitätsfern.

Dies gilt natürlich nicht nur für einfache Tätigkeiten wie Autofahren, Burger braten und im Supermarkt abkassieren. Auch andere Berufsgruppen müssen sich darauf gefasst machen, dass ihre Jobs in wenigen Jahren weitestgehend überflüssig sein werden.

Es gibt mittlerweile medizinische Geräte, die Operationen wesentlich zuverlässiger, mit weniger Komplikationen und weniger Infektionsrisiko durchführen, als Ärzte. Noch werden Ärzte benötigt, aber in 10-20 Jahren werden wesentlich weniger von ihnen benötigt werden, da Maschinen ihre Arbeit effizienter und zuverlässiger machen werden.

Begib Dich also niemals in Abhängigkeit eines bestimmten Arbeitgebers oder einer bestimmten Tätigkeit. Mache Dein eigenes Ding und sorge somit dafür, dass Du frei bist!

Was soll ich denn machen, fragst Du? Gute Frage!

Entweder Du gründest etwas eigenes wenn Du Lust hast Dein eigenes Unternehmen aufzubauen, oder aber Du bildest Dich kontinuierlich in Deinem und anderen Bereichen weiter, sodass Du niemals von einem bestimmten Arbeitgeber abhängig bist und immer eine neue Stelle finden kannst.

Sorge dafür, das Du so gut bist, dass Arbeitgeber nach Dir suchen und Du nicht umgekehrt nach Arbeit suchen musst.

„Let freedom reign“

—Nelson Mandela

(D: „Lass die Freiheit herrschen“)

Freiheit ist das einzige was zählt, wenn Du nicht frei bist, bist Du ein Sklave!

Der Grund, warum so viele Menschen bereit sind, sich in Abhängigkeit und somit in Sklaverei zu begeben ist, dass sie einfach zu bequem sind. Sie wollen nicht wahrhaben, dass man für Freiheit arbeiten muss, das man sich seine Freiheit erkämpfen muss. Stattdessen bleiben sie lieber in der Misere ihrer Sklaverei und lassen sich von ihren Sklaventreibern herumkommandieren.

Die Freiheitskämpferin und große Legende des Abolitionismus, Harriet Tubman hat mal gesagt:

„I freed a thousand slaves and I could´ve freed a thousand more, if they´d only known they were slaves.“

—Harriet Tubman

(D: „Ich habe tausend Sklaven befreit und ich hätte tausend weitere Sklaven befreien können, hätten sie bloß realisiert, dass sie Sklaven sind.“)

Tubman hat während des US-amerikanischen Bürgerkriegs Sklaven aus den Südstaaten in die Nordstaaten gebracht und sie somit aus der Sklaverei befreit. Sie selbst war eine Sklavin gewesen, der es durch Flucht gelungen ist, der Sklaverei zu entkommen.

Mit diesem Zitat beschreibt sie ganz treffend das Phänomen, dass viele Sklaven überhaupt nicht realisieren, dass sie Sklaven sind.

Das gleiche galt nicht nur damals, sondern gilt bis heute für alle Menschen, die in unserem System gefangen sind und deren Leben nur daraus besteht, Steuern zu zahlen, Kredite abzubezahlen und zu konsumieren. Denn was ist das anderes als Sklaverei?

Wenn Du nur für andere arbeitest, die Dich den ganzen Tag rumkommandieren und Du danach Dein Geld, was Du dabei verdienst, sofort wieder ablieferst, sodass Du am Ende des Monats wieder eine Null auf Deinem Konto hast, bist Du abhängig. Und wirtschaftliche Abhängigkeit ist immer Sklaverei. Denn die Partei, von der Du abhängig bist, kann Dich auf der ganzen Linie ausnutzen.

„If you don´t find a way to make money while you sleep, you will work until you die“

—Warren Buffett

(D: „Wenn Du nicht einen Weg findest, wie Du im Schlaf Geld verdienen kannst, wirst Du arbeiten bis Du stirbst.“)

Erst, wenn Du einen Weg findest, nicht länger Zeit gegen Geld zu tauschen, hast Du einen guten Deal gemacht und bist frei! Deine Zeit ist das wertvollste, was Du hast, hör auf, sie für ein paar Euros einzutauschen, indem Du eine Tätigkeit ausführst, die Du hasst.

„Someone´s sitting in the shade today, because someone planted a tree a long time ago“

—Warren Buffett

(D: „Jemand sitzt heute im Schatten, da er vor langer Zeit einen Baum gepflanzt hat.“)

Je früher Du Deinen Baum pflanzt, desto eher wirst Du die Früchte ernten können. Egal, ob Du Dein eigenes Ding machst, oder einen Job, nimm immer mindestens 10% von Deinem Einkommen und investiere es in etwas, was Dir eine Alters- und Gesundheitsvorsorge sichert.

FINDE SINN IN DEM, WAS DU TUST

Vielleicht hört sich das, was ich bisher geschrieben habe, so an, als wäre ich dagegen, dass jemand einen normalen Job macht.

Das bin ich auch. Ein Job ist nämlich nimmer etwas, wo jemand seine Zeit absitzt und auf den Urlaub wartet.

Ich bin dafür, dass jeder einen **Beruf** macht.

Wenn jeder nämlich seine Berufung findet, dann sind die Menschen auch glücklich. Radikale politische Strömungen würden sich auflösen und fanatische Religionsanhängerschaften ebenfalls. Wenn jeder seiner Berufung nachgehen würde, gäbe es keinen Anlass mehr, unglücklich zu sein und Angst zu haben.

Das entzieht jedem Radikalismus, jedem Fanatismus und jedem Faschismus seinen Nährboden.

Wenn Du Deiner Berufung als Angestellter bei einem Arbeitgeber nachgehst, ist das vollkommen okay. Du solltest Dich nur nicht von diesem Arbeitgeber abhängig machen und auch nicht die Anspruchshaltung haben, dass der Staat oder Dein Arbeitgeber in 30 oder 40 Jahren noch Deine Rente zahlen kann.

Wenn es trotzdem so kommen sollte, was sehr unwahrscheinlich ist, dann ist das ein toller Bonus über den Du Dich dann freust. Die Zeichen stehen aber so, dass es derartige Transferleistungen wohl schon viel früher nicht mehr geben wird, egal was Politik und Gewerkschaften Dir zu erklären versuchen.

Auch wird es eine so absurd frühe Rente wie die Rente mit 65 oder gar 62 definitiv nicht mehr geben!

Das ist natürlich auch erstrebenswert, denn willst Du wirklich ab Anfang 60 für die verbleibenden 40 Jahre Deines Lebens zu Hause sitzen und vergammeln? Wenn Du Deiner Berufung nachgehst wirst Du so oder so weitermachen wollen.

Ich gehe davon aus, dass jeder, der jetzt 40 Jahre oder jünger ist, mindestens bis er 90 Jahre alt ist, arbeiten wird. Körperlich anstrengende Berufe wie Maurer oder Dachdecker wird es bis dahin sowieso nicht mehr geben, da alles automatisiert ist und von Drohnen oder anderen Maschinen erledigt wird. Berufssoldaten wird es ebenfalls nicht mehr geben.

Da wir alle Jobs haben werden, in denen wir denken werden, und allerhöchstens leichte körperliche Arbeiten verrichten, wird das in Kombination mit noch viel weiter entwickelten medizinischen Möglichkeiten auch überhaupt kein Problem sein.

Wenn Du also einen Beruf hast, der nicht Deine BERUFUNG ist, bei dem Du Dir nicht vorstellen kannst, das für die nächsten 40-70 Jahre zu machen, je nachdem wie alt Du bist und wirst, dann lass es!

Wahrscheinlich fragst Du Dich jetzt: „aber was soll ich denn stattdessen machen? Geld wächst doch nicht auf Bäumen?“

Super Frage!

Setze Dich am besten hin, nimm Dir ein leeres Blatt Papier und schreibe Dir auf, was Dich glücklich macht. Was sind Deine Hobbys? Bei welchen Tätigkeiten gehst Du so richtig auf? Bei was vergisst Du komplett die Zeit?

Wenn Du diese Liste verfasst hast überlegst Du Dir, wie Du diese Tätigkeiten nun zu Geld machen kannst.

Ich habe eine Freundin, die sich gerade als Köchin selbständig gemacht hat, einen ehemaligen Kollegen, der als Zauberer arbeitet, einen Freund, der Meditationslehrer ist, Freunde die Fitnesstrainer sind, Freunde die Musiker und DJs sind, einen Freund der Schnapsbrenner ist, einen Freund der Kampfsporttrainer ist, einen Freund der BDSM Workshops gibt und viele weitere Freunde und Bekannte, die ihre Leidenschaft zu ihrem Beruf gemacht haben.

Alle diese Freunde von mir haben sich hingesetzt und sich selbst folgende Frage gestellt: „was mache ich wirklich gerne."

Daraus haben sie dann einen Beruf gemacht, nicht umgekehrt.

Die meisten Menschen machen es andersherum, sie fragen sich „was gibt es für Berufe?" Um dann zu versuchen in einen Beruf hineinzupassen, den jemand anders kreiert hat.

Ich verrate dir nun zwei Geheimnisse:

1. jeder Beruf wurde irgendwann mal erfunden, also kannst auch du Berufe „erfinden". Es muss nur auch für andere Relevant sein, damit du am freien Markt bestehen kannst.

2. Alles was dich interessiert, interessiert auch andere. Also gibt es mit größter Wahrscheinlichkeit auch Menschen, die bereit sind dafür Geld zu bezahlen.

Mein Freund der Schnaps brennt, verkauft diesen an Menschen die gerne hochqualitativen Gin und Rum genießen. Mein Freund der Kampfsportlehrer ist, trainiert andere die gerne lernen wollen sich selbst zu verteidigen und mein Kumpel der BDSM Workshops gibt, zeigt anderen wie man sich gegenseitig auspeitscht und fesselt.

Es gibt viele Menschen die Rum und Gin mögen, es gibt viele Menschen die einen Kampfsport lernen wollen und es gibt auch viele Menschen, deren Fetisch BDSM ist. Dementsprechend gibt es auch viele Menschen, die meinen Freunden gerne Geld für ihre Leistungen geben. So einfach.

Der einzige Unterschied zwischen meinen Freunden, die ich hier als Beispiele aufgeführt habe und anderen Menschen da draußen ist, dass meine Freunde den Mut hatten ihrer Leidenschaft nachzugehen und einen Beruf aus dieser Leidenschaft gemacht haben.

Natürlich hatte es keiner von ihnen am Anfang so einfach, wie jemand der eine Ausbildung oder ein Studium macht, um dann mit einem guten Einstiegsgehalt in die Berufswelt zu gehen.

Sie mussten am Anfang mit weniger auskommen und hart dafür arbeiten, dass sie nun von ihrer Berufung leben können.

Aber sie haben es geschafft. Sie mussten diesen „Leidens-“Weg gehen. Daher auch der Begriff „Leidenschaft.“ Um Deine Träume zu verwirklichen musst Du zunächst einen beschwerlichen Weg gehen und „Leiden“, dann „schaffst“ Du aber auch die Dinge, die Du erreichen willst.

Kurz- bis Mittelfristig musste jeder der Menschen die ich kenne, die ihren eigenen Weg gegangen sind, einen härteren Weg gehen als andere, auf dem sie Rückschläge und Hürden zu überwinden hatten. Aber langfristig verdient jeder von ihnen viel mehr Geld, als das Durchschnittsgehalt eines Angestellten. Noch viel wichtiger ist jedoch: sie sind frei, leben selbstbestimmt und machen genau die Dinge, die sie lieben in der Zeit, die sie bereit sind dafür herzugeben!

„The only way to do great work, is when you love what you do. If you haven´t found it yet, keep looking. As with all matters of the heart, you´ll know when you find it.“

—Steve Jobs

(D: „Die einzige Möglichkeit, großartige Arbeit zu verrichten, ist, wenn Du tust, was Du liebst. Wenn Du das noch nicht gefunden hast, dann schau weiter. Wie mit allen Herzensangelegenheiten, wirst Du wissen, wenn Du es gefunden hast.“)

Finde etwas, wo Du Werte schaffst. Etwas, was Dich wirklich erfüllt, nicht nur etwas, was Geld bringt!

„My whole thing is, add value to whoever you meet. Sometimes, the value is just being happy and loving, giving an extra couple of moments to look someone in the eye. Nothing replaces authentic feeling and emotion.“

—Tony Robbins

(D: „Mein Anspruch ist es, jedem, den ich treffe, Mehrwert zu geben. Manchmal ist der Mehrwert nur, dass ich glücklich und liebevoll bin, dass ich jemandem Blickkontakt schenke. Nichts ist wertvoller als ehrliche Gefühle und Emotionen.“)

Finde etwas, was sich für Dich gut und authentisch anfühlt. Etwas, wo Du weißt, hier kannst Du der Welt etwas geben. Lass Dich von niemandem davon abbringen. Nicht von Deinen Eltern, Deinen Freunden, oder anderen Menschen, die Dir wichtig sind.

Nur Du weißt, was richtig für Dich ist. Und Du wirst diese Tätigkeit über Jahrzehnte täglich machen, lass Dich also nicht von Menschen beeinflussen, die höchstens Zuschauer von der Seitenlinie aus sind. Diese Menschen meinen immer, die besten RatSCHLÄGE zu haben, aber in Wirklichkeit haben sie keine Ahnung und Misshandeln Dich mit ihren RatSCHLÄGEN nur.

Wichtig ist auch, dass Du Dich nicht von einer kurzfristigen Passion leiten lässt. Finde etwas, was Sinn macht. Passion ist immer wie verliebt sein. Das geht schneller vorbei als einem lieb ist. Nur wenn Du etwas findest, was Dich wirklich erfüllt, etwas, das Du liebst und in das du nicht nur verliebt bist.

„Purpose over passion! Passion is a form of mental retardization. Leave passion for the amateurs!“

—Robert A. Heinlein

(D: „Berufung ist wichtiger als Passion. Passion ist eine Form von geistiger Behinderung. Überlasse Passion den Amateuren!“)

„An amazing thing happens when you get honest with yourself and start doing what you love, what makes you happy. Your life literally slows down. You stop wishing for the weekend. You stop merely looking forward to specific events. You begin to live in each moment and you start feeling like a human being. You just ride the wave that is life, with this feeling of contentment and joy. You move fluidly, steadily, calm and grateful. A veil is lifted, and a whole new perspective is born.“

—Unknown

(D: „Etwas ganz Besonderes passiert, wenn Du anfängst, ehrlich zu Dir selbst zu sein. Wenn Du anfängst, die Dinge zu tun, die Du liebst und die Dich glücklich machen. Dein Leben entschleunigt sich. Du hörst auf, Dich nach dem Wochenende zu sehnen. Du hörst auf, Dich nur auf bestimmte Momente und Anlässe zu freuen. Du fängst an, jeden Moment zu erleben und Dich als Mensch zu fühlen. Du reitest die Welle des Lebens, voller Zufriedenheit und Glück. Du bewegst Dich mit Leichtigkeit, Beständigkeit, Dankbarkeit und Ruhe. Ein Schleier ist gelüftet und eine vollkommen neue Perspektive eröffnet.“)

Reite die Welle des Lebens, für den Rest Deines Lebens!

SEI HERR ÜBER DEINE FINANZEN

Ob es uns gefällt oder nicht -Geld ist ein wesentlicher Bestandteil unseres Lebens.

Ich kenne viele Menschen, die Dinge sagen wie:

„Aber Geld ist doch nicht wichtig“

„Geld ist doch nur Papier und digitale Zahlen auf einem Server“

„Geld macht nicht glücklich“

Sicherlich kennst Du auch solche Menschen, oder? Das Schöne ist, sie haben alle Recht. Natürlich ist Geld an sich nicht wichtig. Natürlich handelt es sich nur um Papier und digitale Zahlen auf einem Server und natürlich macht Geld an sich nicht glücklich.

Das Problem ist nur, das diese Menschen derartige Aussagen häufig als Ausrede nutzen, sich mit Geld nicht weiter zu befassen. Sie haben die ganze Sache nicht wirklich durchdacht.

Denn nur, weil Geld an sich unwichtig ist, heißt es ja nicht, dass die Sachen, die einem Geld ermöglichen, nicht wichtig sind. Obwohl es sich nur um Papier handelt, kann ich damit viele Dinge machen und mir beschaffen, die viel wertvoller sind als Papier und nur, weil Geld nicht glücklich macht, heißt es ja noch lange nicht, dass die Dinge, die ich damit machen kann, mich nicht glücklich machen.

Fakt ist, dass wir uns bewusst oder unbewusst, gewollt oder ungewollt mit kaum etwas so sehr beschäftigen wie mit Geld.

Ständig haben wir über den Tag verteilt Bargeld, oder eine Kreditkarte in der Hand, mit denen wir Dinge eintauschen, die wir haben wollen. Sei es etwas zu essen, eine Bahnfahrt, ein Paar Schuhe, ein Kaffee oder dieses Buch, das Du gerade liest.

Ich will in diesem Kapitel überhaupt nicht auf den Sinn unseres Geldsystems oder dessen Gerechtigkeit eingehen. Das sind beides Themen für sich. Fakt ist: Alles was wir machen, alles, was uns wichtig ist, bezahlen wir mit Geld.

Geld ist eine Energie, von der wir den ganzen Tag umgeben sind. Und je weniger man davon hat, desto mehr ist es präsent und ein Thema, mit dem man sich beschäftigen muss.

Ich persönlich beschäftige mich sehr ungern mit Geld. Ich will einfach nur die Dinge tun, die ich damit machen kann. Eine Reise, einen Workshop, oder einen Green Smoothie trinken.

Um mir nicht ständig Gedanken darum machen zu müssen, ob und wie ich mir Dinge leisten kann, komme ich nicht drum herum, mich mit Geld zu beschäftigen. Das Gute ist, je mehr ich mich damit beschäftige, durchrechne, plane, spare, investiere und vorsorge, desto weniger muss ich mich im Alltag damit beschäftigen, oder gar drum sorgen.

„My poor dad would say 'I can't afford it,' while my rich dad would say, 'how can I afford it?'“

—Robert T. Kiyosaki

(D: „Mein armer Vater hat immer gesagt: „Ich kann es mir nicht leisten“, während mein reicher Vater immer gesagt hat: „Wie kann ich dafür sorgen, dass ich es mir leisten kann?'“)

In seinem Klassiker „Rich Dad, Poor Dad“ beschreibt Robert T. Kiyosaki seine Kindheit, in der er mit zwei Vätern aufgewachsen ist. Der eine kam aus armen Verhältnissen, hat sich mit Geld auseinandergesetzt und ist dadurch sehr vermögend geworden. Der andere, sein leiblicher Vater, kam aus gut situierten Verhältnissen, hatte einen gut bezahlten Job und hatte trotzdem am Monatsende kein Geld mehr.

Die meisten Menschen leben wie der „Poor Dad“ von Robert T. Kiyosaki. Vollkommen egal, ob sie vom Mindestlohn leben, oder zehntausend Euro im Monat verdienen, am Ende des Monats ist das Geld aufgebraucht. Mit steigendem Einkommen steigen dann eben auch die Ausgaben. Statt Sekt vom Discounter wird Champagner getrunken und statt beim Fast Food Laden wird im Sternerestaurant gegessen. Hauptsache, das Geld wird ausgegeben.

Mit der Einstellung und dem Lebensstil kann man natürlich nichts sparen und irgendwann kommt dann das böse Erwachen, wenn das Einkommen sinkt, der Job weg ist oder aus gesundheitlichen Gründen die Tätigkeit nicht mehr ausgeübt werden kann.

Daher empfiehlt es sich, immer zunächst etwas zurückzulegen und dann Geld auszugeben.

„Do not save what is left after spending, but spend what is left after saving.“

—Warren Buffett

(D: „Spare nicht, was nach den Ausgaben übrig ist, sondern gebe nur aus, was nach dem Sparen übrig ist“)

Wenn Du zunächst gespart hast und dann den Rest ausgibst, dann kannst Du sicher sein, dass sich mit der Zeit eine immer größere Summe an Geld ansammelt, die Du investieren kannst und Dir somit eine Altersvorsorge und eine Absicherung für Krankheit, oder andere unvorhersehbare Ausgaben aufbauen kannst.

„Never depend on a single income. Make investments to create a second source.“

—Warren Buffett

(D: „Sei niemals abhängig von nur einer einzigen Einkommensquelle. Nimm Investitionen vor, um eine weitere Einkommensquelle zu erschließen“)

Dieses Geld solltest Du natürlich niemals anrühren, wenn Du eine neue Couchgarnitur brauchst, oder eine Urlaubsreise machen willst. Du investierst es und alles, was Du aus dem Investment an Zinsen und Zinseszins erwirtschaftest, reinvestierst Du wieder. So kannst Du Dir mit nur 10-20% Deines monatlichen Einkommens, ein Anteil der Dich kaum schmerzen wird, in relativ kurzer Zeit ein kleines Vermögen aufbauen.

Zumindest wenn Du Dein Geld clever investierst, in Anlagen die möglichst viel Kapitalrendite haben.

„Rule No.1: Never lose money.
Rule No.2: Never forget rule No. 1!“

—Warren Buffett

(D: „Regel Nr. 1: verliere niemals Geld.
Regel Nr. 2: vergiss niemals Regel Nr. 1“)

Diese Regeln von Warren Buffett solltest Du natürlich bei allem, was Du machst, und besonders bei Deinen Investitionen beachten. Bevor Du irgendwo Dein Geld investierst, solltest Du Dich natürlich intensiv mit der Sache auseinandergesetzt haben.

Besonders bei Banken oder anderen Institutionen, die damit ihr Geld verdienen, Geld zu verwalten, wie z.B. Versicherungen und Fonds, ist Dein Geld in aller Regel sehr schlecht aufgehoben. Denn diese Institutionen haben natürlich immer ihr eigenes Interesse im Sinn und nicht Deins. Bedenke die Bankenkrise von 2008, wo Investoren weltweit Billionen von Dollars verloren haben und die Banken weitestgehend gestärkt draus hervorgegangen sind.

Möglichst investierst Du in Dinge, von denen Du wirklich etwas verstehst. Das Berufsfeld oder die Branche, in der Du arbeitest, ist der erste und beste Ansatzpunkt. Denn da kann Dir keiner so schnell etwas vormachen.

Natürlich ist es Arbeit, sich mit seinen Finanzen auseinanderzusetzen. Aber wenn Du das überhaupt nicht machst, wirst Du irgendwann ganz hart auf die Schnauze fallen und wenn Du es von jemand anderem machen lässt, egal ob von einer Bank oder einem Anlageberater, ist die Wahrscheinlichkeit hoch, dass derjenige natürlich seine eigenen Interessen vor Deine stellt.

ARBEITE HART UND SEI EIN MACHER IN ALLEN LEBENSBEREICHEN

Es gibt Menschen, die reden und es gibt Menschen, die machen. Das einzige, was zählt sind Resultate. Resultate bekommst Du nur, indem Du machst. Du kannst die besten Ideen haben und die größten Träume, aber wenn Du sie nicht umsetzt, bleiben sie nur in Deiner Fantasiewelt.

Sei Du ein Macher und lass die Anderen reden!

„Stop focusing on Dumb shit!"

—Gary Vaynerchuck

(D: „Hör auf, Dich auf sinnlosen Scheiß zu konzentrieren!")

Wenn Du eine Arbeit und eine Berufung gefunden hast, die Dich wirklich erfüllt, dann gibt es keinen Grund mehr, dass Du Dich darüber ärgerst, oder Dich beschwerst. Du kannst sie plötzlich genießen, es gibt nichts Wichtigeres mehr, als Deine Arbeit zu erledigen.

Während ich diese Zeilen schreibe, ist es 21:49 am Samstagabend und ich habe noch über eine Stunde zu schreiben, um mein tägliches Ziel zu erreichen. Eine Frau, mit der ich mich auf ein Date treffen möchte, sitzt auf ihrem Sofa und erwartet mich.

Sie weiß, dass ich noch über eine Stunde brauche und ich kann mir nichts Besseres vorstellen, als noch eine Stunde zu arbeiten. Natürlich sagen mir meine Instinkte und mein innerer Schweinehund, dass sie jetzt auch lieber auf dem Sofa wären und Sex hätten.

Ich weiß aber, dass ich glücklicher bin, wenn ich vorher meine Arbeit erledige. Denn es gibt nichts wichtigeres als meine Arbeit. Auch wenn mein Ego jetzt gerade lieber direkt das Vergnügen hätte.

Was ich damit sagen will, ist, dass auch wenn Du Deine Berufung gefunden hast, es nicht immer einfach ist. Natürlich ist Arbeit häufig immer noch anstrengend und natürlich fallen Dir tausend bequemere und kurzfristig erfüllendere Sachen ein, die Du machen könntest, anstatt zu arbeiten. Das ist aber niemals ein Grund, Dich nicht auf das wesentliche zu konzentrieren: Deine Arbeit!

Genieße Deine Arbeit. Danach kannst Du das Vergnügen umso mehr genießen!

"Happiness does not consist in pastimes and amusements but in virtuous activities."

—Aristotle

(D: „Glücklichsein besteht nicht aus Zeitvertreib und Vergnügung, sondern aus tugendhaften Tätigkeiten")

Ansonsten kannst Du das Vergnügen überhaupt nicht genießen, wenn Du nicht vorher Deiner Berufung nachgegangen bist und Deine Arbeit erledigt hast. Das Sprichwort „erst die Arbeit, dann das Vergnügen“, trifft 100% zu!

Je härter Du arbeitest, desto größer fällt auch das Vergnügen aus. Wenn Du weißt, das Du wirklich alles gegeben hast und das Beste aus Deiner Arbeit rausgeholt hast, dann kannst Du auch ohne Gewissensbisse das Vergnügen genießen.

Außerdem nimmt mit Deiner Arbeitsmoral auch das Glück zu, das Du haben wirst. Plötzlich kommen Chancen und Möglichkeiten auf Dich zu, mit denen Du vorher nicht gerechnet hast.

Ich habe schon Interviews und Artikelbeiträge für die ARD, das ZDF, JOIZ, Die Welt, Men´s Health, Women´s Health und einige mehr gegeben. Die sind alle auf mich zugekommen, aufgrund meiner Arbeit.

Ich musste nicht dafür sorgen, dass ich in die Medien komme. Die Medien haben mich angefragt, weil ich gute Arbeit leiste und einer der führenden Experten Deutschlands in meinem Feld bin.

Man könnte hier natürlich von Glück reden, man kann aber auch einfach feststellen, dass es eine logische Konsequenz guter Arbeit ist.

„I find that the harder I work, the more luck I seem to have.“

—Thomas Jefferson

(D: „Meine Erfahrung zeigt: je härter ich arbeite, desto mehr Glück scheine ich zu haben.“)

Wichtig ist dafür natürlich, das man nicht nur viel macht, sondern dass das, was man macht, auch gut ist. Michael Jordan hat mal so was gesagt, wie:

„Practice so much, that people think you've gotten lucky“

(D: „Trainiere so viel, dass andere denken, Du hättest Glück gehabt.“)

Es gibt keinen zufälligen Erfolg. Es gibt auch keinen Erfolg über Nacht. Michael Jordan hat extrem viel für seinen Erfolg gearbeitet. Jeder, der erfolgreich ist, hat viel für seinen Erfolg gearbeitet. Es gibt kein Talent und keine Vorbestimmung. Es gibt nur harte Arbeit.

Natürlich wirst Du niemals ein so guter NBA-Spieler wie Michael Jordan werden, wenn Du nicht groß genug bist, und jung genug anfängst. Aber von solchen körperlichen Einschränkungen mal abgesehen kannst Du alles erreichen. Du musst nur gewillt sein, hart dafür zu arbeiten.

Wenn ich meinen Lehrern in der Schule damals gesagt hätte, dass ich ein erfolgreicher Autor werde, dann hätten die mich ausgelacht. Und wenn ich den Mädels damals in der Schule gesagt hätte, dass ich mal Flirtcoach werde, dann hätten die mich ebenfalls ausgelacht.

Ich habe aus meinen Schwächen Stärken gemacht. Nicht über Nacht und auch nicht zufällig. Sondern durch harte, kontinuierliche und disziplinierte Arbeit an mir selbst.

Du kannst das auch!

„Successful people do what they need to do, whether they feel like it or not."

—Elliott Hulse

(D: „Erfolgreiche Menschen tun, was sie tun müssen, egal ob sie sich danach fühlen, oder nicht")

Wenn Du Dir Ziele setzt und Deiner Berufung folgst, auch wenn es mal schwer ist oder unvorhergesehene Dinge dazwischenkommen, dann kannst Du alles erreichen, was Du Dir in den Kopf setzt.

Good things come to those who ~~wait.~~ WORK THEIR ASSES OFF AND NEVER GIVE UP!

„I don´t think of work as work and play as play. It´s all living.“

—Richard Branson

(D: „Für mich gibt es keine Trennung zwischen Arbeit und Freizeit, es ist beides Leben.“)

Höre auf, Arbeit und Freizeit als zwei unterschiedliche Bereiche zu sehen. Wenn Deine Arbeit Dich nicht mehr nervt, sondern Deine Berufung ist, dann ist es egal, wenn Du am Samstag, Sonntag, oder nachts arbeitest. Das ist einfach nur Teil des Lebens. Es macht Dich glücklich. Es macht Spaß.

Dann kannst Du es Dir auch mal leisten, am Dienstag auszuschlafen und in die Sauna zu gehen.

ENTSCHLIESSE DICH, ERFOLGREICH ZU SEIN!

Nur wenn Du Dich entschließt, in dem, was Du machst, Erfolg zu haben, kannst Du auch erfolgreich sein. Denn nur dann wirst Du auch die Arbeit und Zeit investieren, die für den Erfolg nötig ist.

„I never dreamed about success. I worked for it.“

—Estee Lauder

(D: „Ich habe nie vom Erfolg geträumt, ich habe für den Erfolg gearbeitet.“)

Es gibt immer wieder Menschen, die mir erzählen, dass ihnen Erfolg unwichtig sei und sie keinen Erfolg anstreben. Das halte ich für mitunter den größten Schwachsinn und die größte Selbstverarschung, die ich jemals gehört habe.

Wenn Du Gemüse in Deinem Garten ansäst, willst Du, dass es mit Erfolg keimt, damit Du es später ernten kannst.

Wenn Du Dich gesund ernährst, willst Du, dass Du fit und gesund bist und nicht trotzdem übergewichtig wirst und Krebs bekommst.

Wenn Du ein Kind bekommst, willst Du es so erfolgreich wie möglich aufziehen und erziehen. Niemand will, dass sein Kind an Unterernährung stirbt, oder zu einem Verbrecher wird.

Erzähle mir nicht, dass es bei Dir anders sei. Jeder will in dem, was er macht, erfolgreich sein. Alles andere ist Selbstverarschung. Hör also auf Dich selbst zu belügen und strebe nach größtmöglichem Erfolg in allem, was Du machst! Wenn Du den größtmöglichen Erfolg in dem, was Du machst, nicht anstrebst, dann lass es gleich.

„If you don´t pay the price for success, you´ll pay the price for failure!

—Zig Ziglar

(D: „Wenn Du nicht den Preis für das Erreichen Deines Erfolges zahlst, wirst Du den Preis für Dein Versagen zahlen!“)

Viele sind nicht bereit, die Opfer zu bringen, die es benötigt, um Erfolg zu haben. Um bei dem Kindererziehungsbeispiel zu bleiben, wenn Du nicht bereit bist, Süßigkeiten, Rauchen und Fast Food aufzugeben, wirst Du natürlich damit als Vorbild für Deine Kinder dafür sorgen, dass sie ebenfalls einen ungesunden Lebensstil führen werden. Wenn Du nicht bereit bist, ein positives Vorbild zu sein, dann wird natürlich Deine Erziehung scheitern.

Auch wenn es zunächst vielleicht anstrengender ist, es ist immer einfacher, angenehmer und vor allem viel erfüllender, den Preis für den Erfolg zu zahlen, als den Preis für den Misserfolg zu zahlen.

Dabei geht es vor allem um Kontinuität. Du kannst nicht einmal etwas für den Erfolg tun und Dein Vorhaben dann schleifen lassen. Genauso wie Du auch nicht auf einen Berg springen kannst, um den Gipfel zu erreichen. Du wanderst den Berg Schritt für Schritt hoch, bis Du irgendwann am Gipfel angelangt bist.

„Success is not a destination, it´s a series of steps."

—Johnny Soporno

(D: „Erfolg ist kein Ziel, Erfolg ist eine Aneinanderreihung von einzelnen Schritten.")

Um am Gipfel gelangen zu können, musst Du natürlich auch die Erwartung haben, dieses Ziel zu erreichen. Es gibt auf jedem Weg genügend Stolpersteine und Hindernisse, die Du als Vorwand zum Aufgeben nehmen kannst. Nur wenn Du Dir das Ziel gesetzt hast, alle diese Hürden zu überwinden, wirst Du auch den Gipfel Deines Erfolges erreichen.

„You must expect great things of yourself, before you can do them."

—Michael Jordan

(D: „Du musst große Erwartungen an Dich haben, bevor Du sie erfüllen kannst")

Das birgt natürlich immer Risiken und niemand weiß, ob Du es wirklich schaffen wirst. Aber eins steht fest, wenn Du den Weg nicht gehst, dann kannst Du Dein Ziel unmöglich erreichen. Gehe also lieber den Weg mit dem Risiko, Dein Ziel möglicherweise niemals vollkommen zu erreichen, als Dich Dein ganzes Leben darüber zu ärgern, es überhaupt nicht versucht zu haben.

„He who is not courageous enough to take risks, will accomplish nothing in life"

—Muhammad Ali

(D: „Wer nicht mutig genug ist, Risiken einzugehen, wird

Nimm all Deinen Mut zusammen und mache Dich auf den Weg!

SEI DISZIPLINIERT!

Nur mit eiserner Disziplin kannst Du Deine Ziele und Deine Träume erreichen und ein glückliches Leben führen.

Wie sollst Du fit werden, wenn Du nicht eine strikte Sportroutine hast?

Wie sollst Du gesund sein, wenn Du regelmäßig Süßigkeiten, Cola und Fast Food zu Dir nimmst?

Und wie sollst Du erfolgreich in Deinem Beruf sein, wenn Du nicht täglich und routiniert an Deinem Erfolg arbeitest?

Es darf nichts geben, wonach Du Dich mehr sehnst, als nach Deinem Erfolg. Ansonsten bist Du auf dem falschen Weg!

Wenn jemand lieber Cola trinkt und raucht, als gesund zu sein, dann sollte derjenige sich vielleicht damit abfinden, niemals gesund zu sein.

Wenn jemand lieber auf der Couch gammelt und Netflix Marathons macht, als Sport zu machen, dann sollte derjenige sich damit abfinden, niemals fit zu sein.

Wenn jemand sich lieber die Zeit vertreibt, abhängt, feiern geht, sich mit Freunden trifft und sich berauscht, als seiner Berufung nachzugehen, dann sollte sich derjenige vielleicht damit abfinden, niemals erfolgreich zu sein und immer von einem Arbeitgeber, dem Staat oder seinem Partner abhängig zu sein.

Das ist alles vollkommen legitim und nachvollziehbar. Ich verurteile Bequemlichkeit keineswegs, wenn jemand lieber ein einfaches und gechilltes Leben haben will, dann soll er es leben!

Aber dann darf er sich auch nicht beschweren, dass er weniger Geld hat, keine Altersvorsorge hat, ungesund ist, übergewichtig und unzufrieden. Er sollte sich auch nicht beschweren, wenn irgendwann sein Job wegfällt, oder es kein Hartz IV mehr gibt, von dem er leben kann.

Denn für solche Beschwerden hat er dann keine Grundlage mehr. Entweder er baut sich etwas auf, oder er lässt es.

Es liegt in seiner Hand, wie er sein Leben lebt, es liegt in Deiner Hand, wie du dein Leben lebst. So oder so, beschwere Dich nicht! Du bekommst immer das was du willst und wofür du diszipliniert arbeitest.

„The key is not the will to win. Everybody has that. It is the will to prepare to win that is important."

—Bobby Knight

(D: Der Schlüssel ist nicht der Wille zum Sieg. Jeder hat den Willen etwas zu erreichen. Der Schlüssel ist der Wille, für den Sieg zu arbeiten.")

Wenn Du nicht die Bereitschaft hast zu gewinnen, dann kannst Du auch nicht erwarten zu gewinnen. Wenn Du gewinnen willst, dann musst Du diszipliniert arbeiten. Alles andere ist eine Lüge unserer Spaßgesellschaft.

Die meisten Menschen in unserer Gesellschaft sind Vollzeithedonisten, für die Disziplin, harte Arbeit und Persönlichkeitsentwicklung Fremdwörter sind. Dementsprechend wenig ernst zu nehmen sind sie auch.

„By constant self-discipline and self-control, you can develop greatness of character.“

—Greenville Kleiser

(D: „Mit kontinuierlicher Selbstdisziplin und Selbstkontrolle kannst Du Charaktergröße entwickeln.“)

Nur wenn Du kontinuierlich und unerlässlich hart an Dir und Deinen Zielen arbeitest, wirst Du in der Lage sein, ein Leben nach eigenem Maßstab zu führen.

Und nur dann kannst Du auch glücklich sein. Denn ohne Fortschritt und Perspektive ist niemand glücklich. Die meisten Menschen wünschen sich Perspektive vom Staat oder vom Arbeitgeber. Das ist natürlich Schwachsinn.

Ein Politiker ist nicht für Dich verantwortlich und Dein Arbeitgeber noch viel weniger, der einzige Mensch der für Dich und Deinen Fortschritt verantwortlich ist, bist Du. NIEMAND anders.

„Happiness comes in one word: PROGRESS.“

—Tony Robbins

(D: „Glück lässt sich mit einem Wort definieren: FORTSCHRITT.“)

Ich möchte am Ende dieses Kapitels, nachdem ich hier bewusst klare Worte gefunden habe, noch klarstellen, dass natürlich nichts dagegenspricht, mal eine Limonade zu trinken, etwas Ungesundes zu essen, oder auf der Couch zu liegen und einen Film zu sehen. Ganz im Gegenteil, es kann eine wunderbare Belohnung für harte Arbeit sein. Aber genau das sollte es auch sein. In unserer Spaßgesellschaft ist es nur leider meistens der Ersatz für Arbeit und persönliche Weiterentwicklung.

SEI PRODUKTIV

Versuche nicht produktiv zu sein, sei produktiv.

„You can't try to do things;
you must simply do them."

—Ray Bradbury

(D: „Du kannst nicht versuchen, etwas zu tun. Du musst es einfach tun.")

Es geht natürlich nicht nur darum hart zu arbeiten, es geht vor allem darum, smart zu arbeiten.

Leider gibt es viel zu viele Menschen, die fleißige Bienchen sind, anstatt schlaue Füchse. Wenn Du Arbeit in 16 Stunden am Tag erledigst, die Du durch intelligenteres Arbeiten, Delegation und Outsourcen auch in 2 Stunden erledigen könntest, bringt Dir das natürlich überhaupt nichts.

Und wenn Du wie Tim Ferris mit einer „4-Stunden-Woche" ein Vermögen verdienst und Deine Träume lebst, hast Du dafür meinen höchsten Respekt! Das sollte aber nicht Dein Anspruch sein, denn in den meisten Fällen ist das vollkommen unrealistisch.

Arbeite also vor allem smart statt hart. Um das hart wirst Du aber wahrscheinlich trotzdem nicht drumherum kommen.

Folgende Gewohnheiten werden Dir dabei helfen, ein extrem produktiver Mensch zu sein:

“The 8 habits of highly productive people

1. **Ruthlessly cut away the unimportant and focus on the important**
2. **Allocate breaks strategically (rest when you´re tired)**
3. **Remove productivity pit stops (things that limit your productivity)**
4. **Tap into your inspiration (channel your inner muse)**
5. **Create barriers to entry (don´t make yourself too accessible)**
6. **Optimize time pockets (make the best of every minute)**
7. **Set timelines (so things get done)**
8. **Automate everything possible (outsource, delegate, automate)”**

—Celestine Chua

(D: „Die 8 Gewohnheiten sehr produktiver Menschen:

1. Eliminiere schonungslos alles Unwichtige und fokussiere Dich auf das Wesentliche.
2. Plane Deine Pausen strategisch ein, Ruhe Dich aus, wenn Du müde bist.
3. Eliminiere Pausen, die Deine Produktivität untermauern.
4. Lass Deiner Inspiration freien Lauf und kanalisiere sie in das Wesentliche.

5. Richte Sprechzeiten oder andere Mechanismen ein, die dafür sorgen, dass Du Dich nicht von allem und jedem ablenken lassen kannst.
6. Optimiere Deine Zeitnutzung, mache das Beste aus jeder Minute!
7. Mach Dir einen Zeitplan und setze Dir Timelines, sodass Du Dinge fertigstellst.
8. Automatisiere alles was möglich ist, durch Outsourcing, Delegation und Automatisieren Deiner Arbeitsprozesse.

MACHE FEHLER!

Gewöhne Dich daran, Fehler zu machen!

„Only those who do nothing... Make no mistrakes."

—Joseph Conrad

(D: „Nur diejenigen, die nichts machen, machen keine Fehler!")

Wenn Du etwas im Leben erreichen willst, Dich weiterentwickeln willst und somit glücklich sein willst, musst Du Fehler machen. Daran führt kein Weg vorbei. Wenn Du keine Fehler machst, machst Du nichts und wenn Du nichts machst, stirbst Du.

„The man who makes no mistakes does not usually make anything."

—Edward John Phelps

(D: Derjenige, der keine Fehler macht, macht in der Regel gar nichts")

Wir Menschen scheuen uns davor, Fehler zu machen. Einerseits weil wir das Urteil anderer Menschen scheuen und andererseits, weil wir Angst haben, dass uns etwas passieren könnte.

Natürlich kann beides passieren. Andere können uns verurteilen, klar. Aber wen interessiert es, wenn andere Menschen eine Meinung über Dich haben, also Dich entweder lieben oder hassen, dann weißt Du, dass Du auf dem richtigen Weg bist. Wenn niemand eine Meinung über Dich hat, bist ein Nichts, ein Neutrum, niemand interessiert sich für Dich.

Sorge also dafür, dass Menschen Dich kritisieren und verurteilen. Manchmal bekommst Du sogar wertvolles Feedback, was Dich weiterbringt. Meistens hörst Du aber einfach nur zu und machst genau das Gegenteil von dem, was die Kritiker sagen. Dadurch werden sie Dich noch mehr kritisieren und je mehr sie Dich kritisieren, desto näher kommst Du Deinem Ziel.

„First they ignore you, then they laugh at you, then they fight you, then you win.“

—Mahatma Gandhi

(D: „Erst ignorieren sie Dich, dann lachen sie Dich aus, dann bekämpfen sie Dich, dann gewinnst Du.“)

Wenn es um das Risiko geht, dass Du etwas verlieren könntest, wenn Du einen Fehler machst, dann ist auch dies das beste Zeichen, dass Du es tun musst. Denn nur, wenn Du etwas einsetzt, kannst Du auch gewinnen. Das gilt nicht nur beim Pokern, sondern auch in jedem anderen Lebensbereich!

***„Everything is dangerous, my dear fellow.
If it wasn´t so, life wouldn´t be worth living.“***

—Oscar Wilde

(D: „Alles ist gefährlich, mein Lieber. Wenn dem nicht so wäre, hätte das Leben keinen Sinn.“)

Kinder machen intuitiv Fehler. Sie wissen, dass sie Dinge versuchen müssen, um sie zu lernen. Wenn Du als Kind keine Fehler gemacht hättest, könntest Du heute nicht laufen, nicht sprechen, genau genommen würdest Du nicht mehr leben, da Du nicht mal gelernt hättest zu essen und zu trinken.

Die Frage ist, an welchem Punkt wir diese essentielle Fähigkeit, Fehler zu machen, verlernt haben. Denn letzten Endes besteht das ganze Leben nur daraus, kontinuierlich hinzufallen, wieder aufzustehen und daraus zu lernen.

„Fall seven times, stand up eight.“

—Japanese proverb

(D: „Falle sieben Mal hin, stehe acht Mal auf“)

Der wesentliche Punkt ist wie bei einem kleinen Kind auch, aus den Fehlern zu lernen. Denn auch das haben die meisten Erwachsenen verlernt. Wenn sie mal Fehler machen, dann machen sie immer wieder die gleichen.

Billigen Alkohol trinken und sich am nächsten Tag über den dicken Schädel wundern. Döner essen und sich über Verdauungsstörungen wundern, oder wenig schlafen und sich über Müdigkeit wundern. Sind so Beispiele an Fehlern, über die ich immer wieder Menschen sich beschweren höre.

Wie bescheuert ist das denn? Wenn Du einmal den Fehler gemacht hast, wieso machst Du ihn dann noch mal? Und wenn Du ihn noch mal machst, dann sei kein Lappen und beschwer Dich nicht über Deine eigene Dummheit. Das hinterlässt nie einen guten Eindruck.

„Make as many mistakes as possible, but do not make the same mistake twice.“

—Johnny Soporno

(D: „Mache so viele Fehler wie nur möglich, aber mache niemals den gleichen Fehler zwei Mal.“)

Thomas Edison hat damals 10.000 Prototypen für die Glühbirne gebaut, bis er ein funktionsfähiges Modell hatte. ZEHNTAUSEND! Nach wie vielen Versuchen hast Du das letzte Mal aufgegeben, als Du etwas versucht hast? Wie viele Fehlversuche hast Du Dir erlaubt?

Thomas Edison ist zehntausend Mal hingefallen und zehntausend Mal wieder aufgestanden, bis er sein Ziel erreicht hatte. Worin hast Du in Deinem Leben schon zehntausend Fehler gemacht?

Wenn Du den richtigen Weg finden willst, musst Du auch bereit sein, nach jedem Stolperstein wieder aufzustehen und weiterzugehen!

„There´s a way to do it better – find it.“

—Thomas Alva Edison

(D: „Es gibt immer einen Weg es besser zu machen – finde ihn!“)

KONZENTRIERE DICH AUF NUR EINE SACHE

Thomas Edison wäre wohl kaum einer der größten und erfolgreichsten Erfinder der Menschheitsgeschichte geworden, wenn er nebenher auch noch versucht hätte, Profisportler zu werden.

Michael Jordan wäre niemals der beste Basketballer aller Zeiten geworden, wenn er nebenher noch versucht hätte, Physiknobelpreisträger zu werden und Marie Curie wäre niemals Physiknobelpreisträgerin geworden, wenn sie nebenher versucht hätte, die erfolgreichste Künstlerin ihrer Zeit zu werden.

Lerne von erfolgreichen Menschen und konzentriere Dich immer auf die eine Sache, die Du erreichen willst. Du kannst natürlich auch viele Dinge hintereinander erreichen, Serial-Entrepreneure wie Richard Branson und Elon Musk sind da hervorragende Beispiele. Aber auch sie konzentrieren sich immer auf nur eine Sache auf einmal, bauen die auf und geben dann die Verantwortung für das Tagesgeschäft in andere Hände.

Nicht nur im Großen lohnt es sich, sich auf eine Sache zu konzentrieren, auch im Kleinen ist Multitasking der Feind. Psychologische Studien ergeben immer wieder das kein Mensch Multitasking fähig ist, auch wenn sich das viele immer gerne versuchen einzureden. Wenn Du versuchst, mehrere Dinge auf einmal zu erledigen, vervielfacht sich die Zeit, die Du für JEDE einzelne dieser Tätigkeiten brauchst um ein Vielfaches!

Überlege Dir immer, was das Wesentlichste und Wichtigste ist, was Du jetzt erledigen kannst oder solltest und erledige es. Erst wenn Du das vollendet hast, widmest Du Dich zu 100% der nächsten Aufgabe.

„What is the one thing I could do, that by doing it, everything else will be easier or unnecessary“

—Gary Keller

(D: „Was ist die eine Sache, die ich tun könnte, die alles andere einfacher, oder überflüssig machen würde?)

Du wirst merken, dass viele unwesentliche Dinge sich dadurch einfach in Luft auflösen.

SEI EIN MINIMALIST

Je mehr Dinge Du besitzt, die nicht wesentlich für Deine Tätigkeit sind, desto mehr wirst Du davon abgelenkt, das Wesentliche zu tun. Mark Zuckerberg hat angeblich noch, als er schon Milliardär war, in einer Einzimmerwohnung auf einer Matratze geschlafen, die auf dem Boden lag.

Diese Matratze war seinen Angaben zufolge der einzige Einrichtungsgegenstand in seiner Wohnung.

Sorge dafür, dass Du nur das besitzt, was Du auch wirklich brauchst. Alles andere nimmt nur Platz, Energie und Geld in Anspruch, was Du alles sinnvoller nutzen und investieren könntest.

„The things you own, will end up owning you!“

—Tyler Durden (Fight Club)

(D: „Die Dinge, die Dir gehören, werden Dich besitzen“)

Der Film Fight Club hat viele großartige Zitate, aber dieses ist eines der besten. Kennst Du diese Menschen, die sich darüber ärgern, dass ein Kratzer in ihrem Auto ist, oder ein Fleck auf ihrem Sofa? Genau das sind die Menschen, die von ihren Besitztümern besessen sind.

Sie vergessen, dass es sich eigentlich nur um Gebrauchsgegenstände handelt, die dafür da sind, benutzt zu werden und nicht dafür da sind, um im Museum ausgestellt zu werden.

Ein Kratzer im Auto? Shit happens! So ist das Leben! Irgendwann wird das Auto auf dem Schrottplatz landen, gewöhn Dich an den Gedanken, dass alle materiellen Dinge nur Gebrauchsgegenstände sind, die irgendwann sowieso verschrottet werden, alles andere ist massive Selbstverarschung.

„If you buy things you don´t need,
soon you will have to sell things you need."

—Warren Buffett

(D: „Wenn Du Dinge kaufst, die Du nicht brauchst, wirst Du bald Dinge verkaufen müssen, die Du brauchst.")

SETZE DIR ZIELE

Und verfolge sie konsequent.

„Without a goal you can't score“

—Casey Neistat

(D: „Ohne ein Ziel kannst Du nicht punkten“)

Wenn Du Dir keine konkreten Ziele setzt und diese verfolgst, wirst Du auch nicht erreichen können, was Du willst. Stell Dir vor, ein Basketballspieler hätte keinen Korb, oder ein Fußballspieler kein Tor. Er könnte wild mit dem Ball auf dem Rasen herumtoben, aber wüsste nicht, wohin mit dem Ball.

So ist es, wenn Du etwas anfängst, ohne zu wissen, wo die Reise für Dich hingehen soll. Was bringt es Dir, wenn Du jeden Tag arbeitest und etwas aufbaust, ohne zu wissen, wie das Gebäude am Ende aussehen soll.

Wenn Du einem Maurer zehntausend Ziegelsteine gibst, kann er daraus unendlich viele Formen und Strukturen erstellen. Wenn Du aber ein Haus haben willst, mit einem bestimmten Grundriss, einer bestimmten Höhe und einer bestimmten Anzahl von Fenstern, dann solltest Du das ganze aufschreiben, aufmalen und dem Maurer entsprechend kommunizieren.

Den Grundriss und das Aussehen Deiner Ziele hältst Du fest, indem Du diese Ziele aufschreibst. Am besten täglich in Form eines Tagebuches und so, dass Du sie regelmäßig wieder ansehen kannst, sodass sie nicht in Vergessenheit geraten.

Wenn Du Dir täglich Deine Ziele und Deine Vision vor Augen führst, kannst Du jeden Tag bewusst so leben, dass Du Deine Ziele auch erreichen kannst.

Genau so, wie der Maurer immer wieder auf den Bauplan schauen muss, um das Haus so zu bauen, wie Du es haben willst und nicht die Steine an eine falsche Stelle mauert, oder sich durch spontane Kreativität dazu verleiten lässt, ein Kunstwerk zu mauern, anstatt Deines Hauses.

Genauso solltest Du immer wieder auf Deine Vision schauen, um die Chancen und Möglichkeiten in Deinem Leben richtig zu nutzen, also so zu „mauern“, dass am Ende Deine Vision Wirklichkeit wird, und nicht irgendein Zufallsobjekt.

Stell Dir jeden Tag die Frage:

„How am I going to live today in order to create the tomorrow I am comitted to?“

—Tony Robbins

(D: „Wie lebe ich heute, um die Zukunft meiner Träume zu verwirklichen?“)

ÜBERWINDE DEINE ÄNGSTE

Deine Ängste sind das, was Dich zurückhält, Deine Träume zu verwirklichen und Dein Leben zu leben.

„Life begins where fear ends“

—Osho

(D: „Das Leben fängt dort an, wo die Angst aufhört“)

Gehe einfach los und lass Dich von den Ängsten nicht zurückhalten. Sie werden weniger und unbedeutender, je weiter Du Deine Komfortzone verlässt und je mehr Du Dein Leben so lebst, wie Du es Dir erträumst.

„Courage is what you will experience and what you will grow when the doubt is there but you do it anyway.“

—Elliott Hulse

(D: „Mut wirst Du erlangen und vergrößern, wenn Du etwas tust, woran Du zweifelst, es aber trotzdem durchziehst.“)

Die Grundangst, die die meisten Menschen haben, ist die Angst vor dem Tod. Angst vor dem Tod kann man eigentlich nur haben, weil man sein Leben nicht zu 100% lebt und dementsprechend Angst hat, etwas noch nicht gemacht, oder sich selber nicht verwirklicht zu haben, wenn man auf dem Sterbebett liegt.

Das einzige, was man dagegen tun kann, ist, sich selbst zu verwirklichen. Das hast Du in der Hand.

Darüber hinaus ist diese Angst so oder so völlig irrational, wir werden alle früher oder später sterben. Warum also sorgen darüber machen, es handelt sich um ein Naturgesetz. Das wäre genauso, als wenn sich jemand Sorgen über den Fakt macht, dass es Schwerkraft gibt, oder den Sommer.

Du würdest diese Person auslachen.

Sich Sorgen um den Tod zu machen, ist genauso irrational. Du wirst so oder so sterben, akzeptiere diese Tatsache und Dein Leben wird wesentlich entspannter und leichter.

„There is no conclusive evidence of life after death. But there is no evidence of any sort against it. Soon enough you will know. So why fret about it?“

—Robert A. Heinlein

(D: „Es gibt keinen schlüssigen Beweis für ein Leben nach dem Tod. Es gibt ebenfalls keinen schlüssigen Beweis, der das Gegenteil beweist. Also warum überhaupt drüber nachdenken?“)

Das einzige, worum Du Dir in diesem Kontext Gedanken machen solltest, ist, dass Du Dein Leben lebst. Über Deinen Tod hast Du keine Kontrolle, aber Dein Leben und wie Du es nutzt, liegt vollkommen in Deiner eigenen Hand!

„The real question is not whether life exists after death, the real question is whether you are alive before death.“

—Osho

(D: „Die wesentliche Frage ist nicht, ob ein Leben nach dem Tod existiert. Die wesentliche Frage ist, ob Du Dein Leben vor dem Tod auch wirklich lebst.“)

Wenn Du das Selbstbewusstsein und das Selbstverständnis hast, das Du aus jeder Situation das Beste machst und aus jeder Sekunde Deines Lebens das Maximum rausholst, dann verschwinden Deine Ängste wie von allein.

„Put me anywhere on earth and I'll triple my worth“

—Jay-Z

(D: „Setze mich irgendwo in der Welt aus, und ich werde meinen Marktwert verdreifachen“)

Mit dem Selbstverständnis von Jay-Z kannst Du immer und überall das Beste aus Deiner Situation machen. Vollkommen egal, in welche Umstände Du gelangst, wenn Du mit dem Selbstverständnis daran gehst, das Beste draus zu machen, kannst Du nur gewinnen!

Lass also Deine Ängste los und gehe Deinen Weg!

„Everything you ever wanted is on the other side of fear!“

—George Addair

(D: „Alles, wonach Du Dich jemals gesehnt hast, erreichst Du, wenn Du Deine Angst überwindest“)

Gleichzeitig ist es wichtig, immer zu bedenken, dass Ängste niemals komplett weggehen. Du lernst sie zu überwinden, Du lernst mit ihnen umzugehen und je mehr Du sie konfrontierst, desto mehr verschwinden sie. Aber komplett angstlos kannst Du nicht sein.

Deine Ängste haben schließlich zwei wichtige Aufgaben:

1. Dich davon abzuhalten, dass Du Dich in ernsthafte Lebensgefahr bringst
2. In den Fällen, wo nicht Dein Leben in Gefahr ist, Dir zu zeigen, dass Du genau das tun solltest, wovor Du Angst hast. Denn da, wo Du Deine Ängste überwindest, liegt immer das größte Wachstumspotenzial!

Ich versuche immer genau die Dinge zu tun, vor denen ich am meisten Angst habe. Denn nur, wenn ich mich diesen Dingen stelle, kann ich mich weiterentwickeln und meine Ziele erreichen.

„Courage is the compliment of fear. A man who is fearless cannot be courageous. (He is also a fool.)“

—Robert Heinlein

(D: „Mut ist die Ergänzung der Angst. Jemand, der angstlos ist, kann nicht mutig sein.“) (Er ist darüber hinaus ein Idiot.)

SEI DU SELBST UND HÖR AUF, DICH ZU RECHTFERTIGEN

Die meisten Menschen rechtfertigen sich für alles, was sie tun. Wir wollen alle akzeptiert und geliebt werden, daher haben wir das Bedürfnis, anderen zu erklären, warum wir Dinge tun, wie wir sie tun.

Grundsätzlich spricht natürlich überhaupt nichts dagegen, jemand anderem zu erzählen und zu erklären, warum Du etwas tust, wie Du es tust. Aber es sollte aus ehrlichem Interesse der anderen Person an Dir und Deiner Tätigkeit passieren, und nicht, weil Du das Gefühl hast, Dich rechtfertigen zu müssen, oder die andere Person Dich nicht ernst nimmt und Dir daher alberne oder vorwurfsvolle Fragen stellt.

„Ihr lacht über mich, weil ich anders bin, ich lache über euch, weil ihr alle gleich seid!“

—Kurt Cobain

Was Du für einen Sport machst, wie Du Dich kleidest, welche Musik Du hörst, was Deine Berufung ist, wie Du Dich ernährst und wie Du Deine Zeit investierst und was Du sonst alles in Deinem Leben machst ist alles 100% Deine Entscheidung.

Sobald Du beginnst, Dich unnötig zu erklären, wird es Menschen geben, die versuchen, Dich von Deinem Weg abzubringen.

Schließlich hast Du aber einen guten und durchdachten Grund, warum Du Deinen Weg eingeschlagen hast.

Wenn Du Dich entschieden hast, nach Rom zu fahren und Du dann an jeder Ecke Deine Richtung änderst, weil Menschen Dir RatSCHLÄGE geben, Du solltest lieber nach Prag, Paris oder Amsterdam fahren, dann kommst Du niemals irgendwo an und erst recht nicht in Rom.

Versuche umgekehrt auch nicht, andere von Deinem Weg zu überzeugen. Sei Du selbst und lebe Deine Überzeugungen.

„Don't explain your philosophy. Embody it."

—Epictetus

(D: „Erkläre Deine Weltanschauung nicht, verkörpere sie.")

Dies ist ein schwerer Prozess und der ist wahrscheinlich niemals zu 100% abgeschlossen, denn schließlich haben die Menschen um uns herum, die uns wichtig sind einen Einfluss auf uns und es gibt immer wieder die Momente, in denen besonders die Menschen, die uns nahestehen, uns von unserem Pfad abbringen.

„Spend 0% of your energy on things that don't matter!"

—Gary Vaynerchuck

(D: „Verschwende 0% Deiner Energie an Dinge, die unbedeutend sind")

Dein Ziel sollte es sein, keinerlei Energie und Ressourcen in etwas zu investieren, das Dich nicht weiterbringt auf Deinem Weg. Dabei werden natürlich immer wieder Menschen ein Stück mit Dir gehen, es werden aber auch immer wieder Menschen abbiegen und einen anderen Weg verfolgen.

Das ist natürlich immer traurig, aber unumgänglich. Die andere Alternative ist, dass Du den Weg von anderen mitgehst. Dann aber später auf Deinem Sterbebett liegst und bereust, niemals Deinen eigenen Weg gegangen zu sein.

Viele Menschen, die einen anderen Weg wählen als Du, werden natürlich versuchen, Dich von Deinem Weg abzubringen und auf ihren zu zerren. Teilweise mit brutalen Mitteln: unsachliche Kritik, Manipulation, Lügen.

Bedenke dabei immer, dass deren Verhalten nichts mit Dir zu tun hat, sondern ausschließlich mit ihrem Verhältnis zu sich selbst.

„If you are willing to look at another person´s behavior towards you as a reflection of the state of their relationship with themselves rather than a statement about your value as a person, then you will, over a period of time cease to react at all.“

—Yogi Bhajan

(D: „Wenn Du bereit bist, das Verhalten einer anderen Person gegenüber Dir als eine Reflexion ihrer eigenen Beziehung zu sich selbst zu sehen, anstatt als Aussage über Deinen Wert als Mensch, dann wirst Du nach einer Zeit überhaupt nicht mehr reagieren müssen.“)

Ein Mensch, der versucht, Dich schlecht zu behandeln, fehlt es an Selbstliebe. Sein negatives Verhalten Dir gegenüber kommt nicht aus Unzufriedenheit Dir gegenüber, sondern aus Unzufriedenheit sich selbst gegenüber.

Es hat einen Grund, dass Du so bist wie Du bist und das Du die Ziele und Träume hast, die Du anstrebst. Solange Du mit Deinen Zielen und Träumen niemandem anderen schadest, gibt es niemals einen Grund, Dich von Deinem Weg abbringen zu lassen.

Du bist anders als die Masse, Du bist ambitionierter und hungriger als der Durchschnitt. Das ist kein Nachteil, sondern der Grund, warum Du Erfolg haben wirst, Du bist besonders.

„In order to be irreplacable, you must always be different.“

—Coco Chanel

(D: „Um unersetzlich zu sein, musst Du immer anders sein.“)

Dies alles gilt natürlich auch für Rückschläge und Niederlagen. In solchen Momenten kommen dann alle Hater wieder aus ihren Löchern und blubbern: „Siehst Du, ich habe es Dir doch gesagt.“

Genau das ist der Grund, warum diese Menschen immer unglücklich und erfolglos bleiben werden und Du am Ende triumphieren wirst. Du weißt, dass Rückschläge Teil des Weges sind und Du weißt, dass Rückschläge und Fehler die besten Möglichkeiten sind zu lernen.

Es gibt also auch hier keinen Grund, sich zu rechtfertigen. Lass die Hater reden. Du lernst direkt Deine Lektion, stehst wieder auf und gehst direkt weiter auf Deinem Weg in Richtung Ziel.

„I will not lose, for even in defeat, there is a valuable lesson learned, so it evens up for me.“

—Jay-Z

(D: „Ich verliere nicht, denn selbst im Falle einer Niederlage gibt es eine wertvolle Lehre, aus der ich lernen kann, es gleicht sich also aus.“)

SEI DANKBAR

Dankbarkeit ist der größte und wichtigste Faktor für ein glückliches Leben! Wenn Du es schaffst, dankbar zu sein, macht dies Dein Leben von einem auf den anderen Moment zu einer Quelle von Glückseligkeit.

Dankbarkeit lässt Dich das Glas immer mindestens halb voll sehen und niemals halb leer. Sobald Du Dankbarkeit entfaltest, für alles, was Du hast in Deinem Leben, alles was Du schon erreicht hast und alles, was Dich umgibt, dann entsteht plötzlich eine Ruhe in Dir, die Dir die Möglichkeit gibt, Dich voll auf Deinen Weg zu konzentrieren und alle Sorgen hinter Dir zu lassen.

Denn wenn Du dankbar bist, gibt es keinen Grund für Sorgen.

„When you are grateful, fear dissapears and abundance appears.“

—Tony Robbins

(D: „Wenn Du dankbar bist, verschwindet die Angst und Dankbarkeit erfüllt Dich.“)

Dankbarkeit sorgt auch dafür, dass Du viel lebensfroher, offener und positiver durchs Leben schreitest. Plötzlich werden sich Chancen auftun, die Du vorher nicht für möglich gehalten hast, Du wirst tolle Menschen treffen, für die Du vorher überhaupt nicht offen warst und das wichtigste ist: Du fühlst Dich rundum gut!

„Gratitude will shift you to a higher frequency and you will attract much better things.“

—Rhonda Byrne

(D: „Dankbarkeit wird Dich auf eine höhere Energieschwingung befördern und Du wirst anfangen viel bessere Dinge und Umstände anzuziehen.“)

Auch wirst Du aufhören, Dinge nur zu tun, um etwas dafür zu bekommen. Du wirst den Moment leben und das, was Du der Welt zu geben hast, auch geben. Ohne die Erwartung direkt eine Gegenleistung zu bekommen. Du weißt, dass alles, was Du gibst, immer irgendwie positiv auf Dich zurückkommt. Aber darum geht es nicht, zunächst geht es darum zu geben.

„Life isn´t about getting and having, it´s about giving and being “

—Unknown

(D: „Im Leben geht's nicht ums Besitzen und Bekommen, es geht ums Geben und Sein“)

GEHE DEINEN EIGENEN WEG!

Jetzt hast Du alle wesentlichen Grundsätze für ein glückliches und erfolgreiches Leben gelernt. Jetzt geht es nur noch darum, dass Du Deinen eigenen Weg beschreitest, oder wenn Du Deinen Weg noch nicht gefunden hast, ihn findest.

Lass Dir dabei niemals einreden, dass Dein Weg unrealistisch, nicht machbar, oder etwa absurd ist. Das sagen nur Menschen, die kein Vertrauen in sich selbst haben und selber niemals etwas erreichen werden.

„Always listen to experts. They'll tell you what can't be done and why. Then do it!"

—Robert A. Heinlein

(D: „Höre immer auf Experten. Sie werden Dir erzählen, was Du nicht tun kannst und warum. Dann tue es!")

Mache auf Deinem Weg so viele Fehler wie möglich und lerne aus diesen Fehlern so viel wie nur möglich.

„The person who fails the most, wins!"

—Seth Godin

(D: „Der Mensch, der am meisten Fehler macht, gewinnt!")

Und bereue niemals, Deinen Weg eingeschlagen zu haben. Es wird nicht einfach, Du wirst Hürden überwinden müssen, Umwege gehen und Geisterfahrern ausweichen müssen. Das ist Teil der Reise. Aber stell Dir vor, Du würdest die Reise nicht beginnen? Du würdest es irgendwann bereuen!

„Twenty years from now you will be more dissapointed by the things that you didn´t do than by the ones you did do. So throw off the bowlines. Sail away from the safe harbor. Catch the trade winds in your sails. Explore. Dream. Discover.“

—Mark Twain

(D: „In zwanzig Jahren wirst Du wesentlich enttäuschter über die Dinge sein, die Du nicht getan hast, als über die, die Du getan hast. Also hisse die Segel und verlasse den sicheren Hafen. Erkunde. Träume. Finde.“)

JETZT STÜRZE DICH INS GESCHEHEN

Nun los, leg dieses Buch weg und fang an. Starte die Reise in ein neues, selbstbestimmtes Leben voller Glück, Energie und Zufriedenheit.

Lass die letzten Zweifel los, denn wer sollte Deine Ziele erreichen, wenn nicht Du. Egal wie groß und unrealistisch Deine Ziele jetzt erscheinen mögen, jeder kann Großes vollbringen. Wenn jeder das kann, dann kannst Du das erst recht!

„I think it´s possible for ordinary people to choose to be extraordinary"

—Elon Musk

(D: „Ich bin davon überzeugt, dass es für gewöhnliche Menschen möglich ist, sich zu entscheiden, über sich selbst hinaus zu wachsen und außerordentlich zu sein")

Stürze Dich ins Geschehen und lass die ungläubigen Zuschauer in Deinem Leben Zuschauer sein.

"It is not the critic who counts; not the man who points out how the strong man stumbles, or where the doer of deeds could have done them better. The credit belongs to the man who is actually in the arena, whose face is marred by dust and sweat and blood; who strives valiantly; who errs, who comes short again and again, because there is no effort without error and shortcoming; but who does actually strive to do the deeds; who knows great enthusiasms, the great devotions; who spends himself in a worthy cause; who at the best knows in the end the triumph of high achievement, and who at the worst, if he fails, at least fails while daring greatly, so that his place shall never be with those cold and timid souls who neither know victory nor defeat."

—Theodore Roosevelt

(D: „Es kommt nicht auf den Kritiker an; nicht auf den Mann, der erklärt, warum der starke Mann gestrauchelt ist oder wie ein Mann der Tat es hätte besser machen können. Die Ehre gebührt dem, der tatsächlich in der Arena steht, dessen Gesicht mit Staub und Schweiß und blutverschmiert ist; der tapfer strebt; der sich irrt, wieder und wieder scheitert, weil es kein Fortkommen ohne Irrtum und Fehler gibt; der sich tatsächlich bemüht, das Nötige zu tun; der den großen Enthusiasmus und die wahre Hingabe kennt; der für eine Sache, die es wert ist, alles gibt; der im besten Falle schließlich den Triumph einer großen Leistung kennenlernt und im schlimmsten Fall scheitert, weil er Großes gewagt hat, sodass sein Platz niemals bei den kalten, furchtsamen Seelen ist, die weder Sieg noch Niederlage kennen.")

Nicht drüber nachdenken, machen!

„If you spend too much time thinking about a thing, you'll never get it done!“

—Bruce Lee

(D: „Wenn Du zu viel Zeit verschwendest, über etwas nachzudenken, wirst Du es niemals machen“)

Wenn Du losgehst und Deine Träume und Visionen verwirklichst, würde ich mich über eine E-Mail von Dir freuen, in der Du mir von Deiner Reise erzählst.

www.florianhoeper.com

DEIN GESCHENK AN DIE WELT

Wenn Dir dieses Buch in irgendeiner Form weitergeholfen hat, würde ich mich sehr über eine Sterne-Bewertung freuen.

Für uns Autoren sind ehrliche Bewertungen auf Amazon enorm wichtig. Wahrscheinlich hast auch Du schon auf der Basis von Bewertungen Bücher und Hörbücher gekauft, oder?

Unterstütze andere dabei ein hilfreiches Buch zu finden, indem Du Dir kurz eine Minute Zeit nimmst und eine kurze Bewertung in nur 1-3 Sätzen auf Amazon hinterlässt.

Du würdest mir damit ein Riesen Geschenk machen.

Vielen Dank & herzliche Grüße

Florian Höper

www.florianhoeper.com

MEIN GESCHENK AN DICH

Ich habe für Dich und alle anderen LeserInnen dieses Buches den „Charisma Lernen“ Online-Kurs von 24,99€ auf vorübergehend 0,00€ reduziert. Du kannst Dich also Gratis eintragen, solange der Deal läuft:

SCAN ME

http://bit.ly/charismalernenkurs

ÜBER DEN AUTOR:

Der Autor Florian Höper geht in seinen Büchern, Hörbüchern und Online Kursen stetig der Frage nach, wie wir glückliche Beziehungen und ein erfülltes Leben führen können.

Sein Ziel ist es, Menschen dazu zu inspirieren, ihr Leben in die eigene Hand zu nehmen und so zu gestalten, wie sie es sich wirklich Wünschen.

Vielleicht kennst Du Florian Höper bereits aus den Medien. Berichte und Artikel über ihn und seine Arbeit gab es u.a. bei: ARD, ZDF, RTL, Joiz, Die Welt, WDR, NDR, Men´s Health & Women´s Health und Stern TV.

"Change your life today. Don't gamble on the future, act now, without delay!"

Simone de Beauvoir

(D: „Ändere Dein Leben noch heute. Spekuliere niemals auf die Zukunft, handele jetzt, ohne zu zögern!")

www.florianhoeper.com

Printed in Germany
by Amazon Distribution
GmbH, Leipzig

16328535R00075